ジェンダー家族を超えて

近現代の生／性の政治とフェミニズム

牟田和恵

新曜社

目次

一部引用文中で、歴史的仮名遣い・カタカナを現代的仮名遣い・ひらがなに改めた。

装幀 谷崎スタジオ

ジェンダー・家族・女性のポリティクス――序にかえて

本書を始めるにあたって、ジェンダー・家族・女性、とまず題したが、このフレーズは、「三位一体」といってもいいくらいに馴染みで、いま研究の成果として著し世に問うにはすでに陳腐なようにも聞こえるに違いない。私自身、振り返ってみればこのテーマに取り組みはじめてすでに長く、決して十分とはいえないけれども、いくらかの研究を重ね、これらの三つが近代以降の日本において織りなしてきた関連について考察してきた。

その上で、私たちをとりまくさまざまな現代的問題を考え抜くなかで、いまの私が確信するに至ったのが、この「三位一体」が徹底的に解体されねばならないこと、そのためには、「ジェンダー」「家族」「女性」の三つのそれぞれが脱構築され三者の関係が――もちろん、そのとき、この三つは私たちの知るかたちではもう存在しないことになる――まったく新たなものになる必要があるということだ。そして同時に、私たち一人ひとりの――この「一人ひとり」という言葉の意味合いも変貌し、いまイメージされる「個人」の意味するところとは違っているはずだ――生のあり方の基盤が変わらねばならない、ということだ。

「ジェンダー」概念の見直し

この問題意識についてもう少し敷衍しよう。

一九六〇年代末以来のフェミニズム運動と理論の進展のなかで、「ジェンダー」gender はきわめて重要な概念となった。当時のフェミニストたちは、男女の性差を生物学的に運命づけられたものと見る通念に対抗して、性差や性役割は社会的・文化的に形成されたものであり、それゆえに可変性をもつと主張し、元来文法用語だったこの語に新しい意味を与えた。すなわち、生物学的性差を表す「セックス」に対し、社会的・文化的性差としての「ジェンダー」である。この用語法は、それから三〇年余経った現在、日本でも政府や自治体の政策用語としても用いられるようになり、広く浸透しているのは周知の通りだ(1)。

しかし九〇年代以降のフェミニズムは、こうした「ジェンダー」概念に疑問を呈するようになった。男女の性差を解剖学的・生物学的決定論に還元すべきでないのは当然にせよ、社会的性差がつくられたものであり生物学的性差には還元できないとする見方の背後には、生物学的性差の存在を当然視し、「自然」なものと見なす暗黙の前提があった。しかし、そこで自明とされている「自然」な性差、「セックス」とはいったい何なのか。

ジュディス・バトラーは徹底的な構築主義の立場に立って、肉体的・所与のものとみえる性差すら、時代によってさまざまな「科学」的知識の名のもとに、二分法的に男／女の記号を付されてきたものだという。解剖学上の男女差、ホルモン・染色体の性差など、「セックス」の自然な事実のようにみえているものは、実はそれとは別の政治的・社会的な利害に寄与するために、さまざまな科学的言説によってつくりあげられたものにすぎない。セックスそのものがジェンダー化されたカテゴリーであり、換言すれば、「ジェンダーは、それによってセックスそのものが確立されていく生産装置」のことである。ジェンダーをセックスの文化的解釈と定義することは無意味であって、「セックスは、つねにすでにジェンダーである」とバトラーは言明する（Butler 1990 = 1999: 29）。

この言明に対して、それは暴論だ、とすぐさま反論が起こるに違いない。「男女の生殖器やＤＮＡ、遺伝子の違いは明白だ。どんな社会・時代にあっても、人間の身体の本質は変わらない」と。だが、バトラーは上の言明で、解剖学的差異や遺伝子上の差異が「存在しない」といっているのではない。あらゆる個人ごとに、「自然」な差異はさまざまにあるはずだ。ところが人をつねに「男」「女」に絶対的に二分する思考がまずあるゆえに、生殖器の形状であれ遺伝子であれ他の何の「基準」であれ、その思考に都合のよい「基準」が取り出され「自然」なものとして要請されるのだ、というのがバトラーの意味するところだ。「男」「女」を区分せずにはいない思考は、まさしく、私たちの社会の政治的な利害に一致して存在している。

これは、人種差別の歴史を例に考えてみるとわかりやすい。植民地時代以来、数多の黒人たちがアフリカ大陸から奴隷として連れ去られた。それらの人々は、人間以下の扱いを受け、家畜のように売買された。この時代、当時の欧米の先端の科学は、人種的差異の「科学」的研究に熱中した。皮膚の色、体毛の密度、骨格、頭蓋骨の形状と脳の容量など、さまざまな生物学的で「自然」な基準を駆使し、学者たちは、黒人が白人とは生物学的にまったく異なっていることを躍起になって「証明」した。黒人は自分たち白人とは大きく異なる、「類人猿」から進化の途上にある生きものなのだ、と。

こうして「科学」は、「白人」と「黒人」の分節に成功し、奴隷制や人種差別の合理化と正当化に貢献した。ここで留意すべきは、人種差別の正当化という邪悪な目的を意図して、人々は科学的言説の構築に努力したわけではないということだ。そうではなく、植民地的収奪、奴隷制維持の必要といった現実が、人々を「黒人と白人はまったく別だ」という思考に導き、それを「科学」が後づけしたのだ。

同じことが、「男」「女」のジェンダー二分法にあてはまる。私たちの一人ひとりにはさまざまな生物学的差異があり、また男女の身体的差異が実際に意味をもつ場面は非常に限定的である。それなのに、いかなる状況にあっても人間存在を「男」「女」に二分してとらえるのが「自然」であるかのように考えてしまうのは、社会に遍在する性差別の現実がありそれを当然のこと・不可避のこととして維持しようとする、無意識的な欲望のゆえであり、その欲望がある限り、ＤＮＡにせよ脳にせよ、「自然な性差」を「証明」する先端的科学は次々と要請され生産されつづけるだろう。こうした意味で、「『セックス』の自然な事実のようにみえているものは、じつはそれとは別の政治的・社会的な利害に寄与するために、さまざまな科学的言説によってつくりあげられたものにすぎない」（Butler 1990＝1999: 29）のだ。

ジェンダーと権力

こうした新たな理解は、ジェンダー概念の意味と意義を大きく変える。ジョーン・スコットの論ずるように、ジェンダーはたんに直接的な両性関係にはたらくだけでない。彼女によれば、ジェンダーは「肉体的差異に意味を付与する知」であって、あらゆる社会関係の場に存在して、人間が世界を認識し、構築する際の基本概念として機能しているのだ（Scott 1988 = 1992: 16）。そしてそこでジェンダーと権力は不可分のものとして現れる。江原由美子はこれを進めて、「『男』『女』という『ジェンダー化された主体』が最初にあって、その両者の間で支配―被支配の関係がうまれるのではなく、『男』『女』としてジェンダー化されること自体が、権力を内包している」（江原 2001: 25）と論ずる。

フェミニズムは、その発祥以来、男女間の格差を解消し「男女平等」を実現することをめざして奮闘してきた。しかし、そもそも「男」「女」というカテゴリーがまずあってそこに差別や権力関係が生じるのではなく、「男」「女」というジェンダーの二分法そのものが権力関係を含んでいるのであるとすれば、男女を対等にするというフェミニズムの原点自体に、新たな意味を加えねばならない。これは一見、フェミニズムの自己否定であるかのように思えるかもしれないが、実のところそうではない。

おそらくフェミニストの多くが、社会に瀰漫する女性差別への抗議を口にしたとき、「それではどんな社会になればいいというのか」「男と女の性差がなくなればいいのか」と問い返されたことがあるに違いない。それに対し、答えに窮して、「いまだどこにも実現されたことがないのだから、具体的な社会像が描けるはずがない」としか言えなかったのは私だけではないだろう。

だが、これまでの議論によって、「答えが出ない」理由は明らかだ。すなわち、「男」「女」のジェンダー・カテゴリーを自明の前提にしている限り、私たちにはたらいている権力と支配関係の網から逃れることはできないということだ。私たちフェミニストがいまめざさねばならないのは、ジェンダーの脱構築なのだ。

ジェンダー家族

そして本書でとくに着目したいのが、ジェンダーという概念は、異性愛という制度とそれを中核とする家族という構造と、密接不可分であることだ。

ヨーロッパでの家族史・社会史研究の観点を取り入れて、日本でも八〇年代後半以降、家族のありようを見直す議論が盛んになり、「近代家族」という概念が生まれた（落合 1989 ほか）。すなわち、夫婦や親子の強い情緒的絆と排他性、公私の分離、男女の性別役割分業などを特徴とする、私たちにとって自明で「自然」にみえる家族のありようは、近代の社会経済的変化のなかで生まれ普遍化した特殊歴史的なものにすぎない。また一方、家族が近代国家の基礎単位として機能してきた歴史が明らかにされ、「家族」のもつ政治性が暴かれた（Donzelot 1977 = 1991; Meyer 1977 ほか）ことも、「近代家族」研究に重要な知見をもたらした（上野 1994; 牟田 1996; 西川 2000 ほか）。

「近代家族」の「発見」は、それ自体、非常に意義深いものだった。しかし上に述べてきた、新たに獲得されたジェンダーの概念との連関を認識するならば、「近代家族」の政治性はさらに深い意味をはらんでいることがわかる。すなわち、近代以降の社会において、なぜ夫婦という男女の結びつきが普遍的に家族の核に存在することが必然となったのか、そうした家族が外部に対する排他性を強め子育てや再生産の責任を一手に担うことになるのはなぜなのか。そうした家族のあり方が、それ以外の結びつきが想像もできないくらい「自然」の衣をまとって、私たちの人間関係を規定していることの意味は何なのか。

私たちがそこで気づくのが、そこには、ジェンダーの「自然」の仮構の上に、性的欲望や生命と労働力の再生産の仕組みをつくりあげる、「家族」をめぐる政治があることだ。そうしてつくりあげられ機能してきた家族を、本書では「ジェンダー家族」gendered familyと名づけたい。

それは、これまで「近代家族」と呼ばれてきたものと重なるけれども、近代という歴史に裏打ちされた実体である以上に、グローバル化の進むポスト近代の社会にあっても覇権的な地位を占めつづけている家族をめぐる「理念」であることを示す。また同時に「ジェンダー家族」の語は、これまで述べてきたような、ジェンダーの概念がはらむ政治性を「家族」という場を通して私たちが直接に経験していることを明示するものでもある(2)。

ジェンダー家族の核をなす男女の結合について、男女の性愛は、性的欲求は生物としての生殖の本能に裏打ちされているから「自然」なものだ、と考えられがちだ。しかし、生殖には異性間のセックスが欠かせないとしても(生殖テクノロジーにより、それは過去の話となったが)、その男女の結びつきが家族の核をなすというのは、性的欲望の自然でもなければ、家族の必然でもない。歴史的にも文化的にも、同性が性関係を結ぶことは普遍的にあったし、男女の性的結合を家族関係の核とはしない母系制の歴史も多様な文化を通じて存在する。いや、そうはいっても、男女の安定的な結びつきがなければ、産んだ母親ひとりでは子育ては困難だ、あるいはセックスに至る男女の激しい恋愛感情や慈しむ情愛は、誰にも強制されない自然の発露だ、とふたたび反論があるだろう。

しかし、ジェンダー家族の発見は、私たちに別の可能性を教える。すなわち、「産んだ母親ひとりで子育てをしなくてはならない」のは、まさしく、男女の対を「プライバシー」の名のもとに「私的領域」に切り離し、他の関係から孤立させるジェンダー家族のイデオロギーゆえであり、また、権力を含み込んだジェンダーの非対称性のゆえに、「愛情」と見なされる情緒的負荷が男女間に生まれやすくなるのだ。決して意図的ではなくとも、たとえば社会経済的基盤のありようや心理的なものも含めた安定の保証の期待、あるいは「男」であることの十分な資格として「女」を排他独占的に所有する必要などが、「愛情」の背後にはある。つまり、異性愛はジェンダー秩序の一つの表現なのであり、男／女の二分法でカテゴリー化された性別は、男—女の結びつきを安定的なものに見せ異性愛を自然化し、むしろジェンダーという権力関係がその結びつきを生じさせているのではないかという可能性は問われることはない（Butler 1990 = 1999: 55-56; 江原 2001：第 4 章）。

「自然」化された男女の性愛は、ジェンダー家族と結びつくことでさらに特権化され、セクシュアリティのヒエラルキーをつくりあげる。すなわち、最高位のものとされるのが、竹村和子の論じるように、終身的な単婚（モノガミー）を前提として、社会でヘゲモニーを得ている階級を再生産する家庭内のセクシュアリティであり、次世代再生産を目標とするがゆえに、男の精子と女の卵子・子宮を必須の条件とする性器中心の生殖セクシュアリティである（竹村 2001: 37-39）。

したがって、婚姻外の性や同性間の性、マスターベーションなどは、逸脱・異常、不道徳なものとして排除され、婚姻内の性であっても生殖に至らない性は未熟、例外的とされる。いわゆる性的な自由が浸透したようにみえる現代にあっても、生殖につながる性器的セクシュアリティを最高のものと見なす性のヒエラルキーは暗黙のうちにも存在している。快楽の度合にかかわらず、男性のペニスを女性の膣に挿入する行為が「本物」のセックスであり、それ以外は、「前戯」などと呼ばれて、文字通り「戯れ」にすぎないことになる。

竹村が論じるように、前近代にも異性愛中心的な思考が存在しなかったのではないだろう。しかし、近代において起こったことは、一夫一婦的で（理念的に）永続する異性愛に基づく男女の結合を特権的なものとして制度化し、「異性愛者の意味を単なる異性愛への指向のみならず、家族形態、法的制度、経済的特権、社会的帰属意識へと拡げ」て、男女の夫婦と子どもよりなる核家族のイデオロギーを資本主義社会の基底装置としたことだ（竹村 2001: 224）。すなわちジェンダー家族は、人の生をはぐくむ場として、無比の正統性をもつに至ったのだ。

ジェンダー家族の脱構築へ

ジェンダー家族に対する高い価値づけはいまなお不変だ。社会の変動やさまざまな事情によって家族がうまく機能しないことがあっても、いや、それだからこそ、「本当はうまくいくはずだ」と、その価値が疑われることはほとんどない。第6章で詳しく論ずるように、男女の固定的な性別分業という意味でのジェンダー規範の変革のこころみは着実に行われており、それにフェミニストたちも力を注いでいるが、しかしそれは必ずしもジェンダー家族のはらむ意味を十分に認識したものとはいえない。

第1章および第6章で論ずることだが、近代日本のフェミニストたちは、家族制度のもとで男女・夫婦のパートナーシップが否定的に受け止められていたことに抗しその実現を願ったが、現代においても、夫婦や家庭内でのより良い男女関係をつくっていくことに、ともすれば「男女平等」の重点がおかれてしまう。良い男女関係をつくることが問題なのではないが、それが政策として行われるとき、それはジェンダー家族の温存と強化につながる。ジェンダー家族に排他的・特権的な地位を与えて人の生の営みをそこに限定しようとする限り、家庭内の性別分業がいかに「平等」に近づこうとも、私たちの生の自由を縛っている境界は揺るがない。

また、フェミニズムのみならず、近年現れてきたいわゆるセクシュアル・マイノリティの注目すべき運動にも、性愛で結ばれるカップルを核とする家族制度や男女二元論をさらに推し進めるような方向性も認められる。想像したり求めたりすることすら奪われてきた権利を取り戻すことはもちろん重要だが、しかし、それがジェンダー家族の内側に取り込まれることに終わるのならば、それは決して自由への途ではなかろう（詳しくは終章で論ずる）。

したがって私たちがいまなすべきことは、ジェンダー家族を徹底的に相対化し、脱構築し、新しい生の基盤を選択し実現できる可能性をつくることだ。これは、たんに「家族の解体」を論じているのではまったくない。それどころか、いまの私たちをめぐる状況は、子どもや高齢者等にとってはもちろん、誰にとっても、安心と安定を与えてくれる居場所をもてることの必要性をかつてなく感じさせている。職業上の差別を受けがちな女性に比べて、「特権層」だったはずの若者・中壮年男性すら、新自由主義の掛け声のもとで、生活に不安定さを抱えている。家族の「愛情」に包まれて成長しているはずの多くの若者たちが、他者との関係をうまく取り結べず、心の不安を感じている。人間らしい生活とは、自由を満喫することだけにはとどまらず、幼い者や病み老いた者を含めてつながりを豊かに保つことであるはずなのに、私たちはそのすべをどんどんと失っているのではないか。

また国家は、これまでジェンダー家族を単位として国民を把握管理することに「成功」してきたが、グローバリゼーションと経済構造の変動により人々の格差が広がり生活の不安定さが増す事態に、なすすべもない。さらには、企業が国家の肩代わりをして戦争のビジネスに乗り出すなど、「国家」をめぐる不条理さはこれまでの想像の範囲を超えてきている。ミクロレベルであれマクロレベルであれ、私たちをとりまく状況は、現在の社会と生のあり方が限界にきていること、新たな可能性を模索し実現させる必要性を明らかに示しているのではないか。

本書の構成

以下に簡単に本書の構成を述べる。

まず、第Ⅰ部の第1・2章では、私たちの誇るべき、近代日本を先駆けたフェミニストたち、いわゆる「新しい女」を取り上げる。英米、韓国に同様に新しい女として現れた女性たち、つまり日本の「新しい女」のカウンターパートと比較しつつ、彼女たちがエージェントとなって創造したセクシュアリティの近代について考察し、ジェンダー家族の起源をたどる。

第Ⅱ部第3・4章では、近代以降の女性たちの運動に注目し、「フェミニズム」以前から続く女性の運動が権力との関係においてはらんでいた意味を、日本の文脈にとくに着目しつつ論じる。いまの私たちにとって、ジェンダー家族の解体と新たな「家族」の創造のためにも、狭義の政治運動の枠にとどまらない女性のアクティビスムは必須であるが、そのためにも、私たちは女性の運動の歴史を見つめる必要がある。

第Ⅲ部第5・6章では、天皇制・家族国家観と、男女共同参画社会基本法を鍵として論考を進める。家族国家観と男女共同参画社会基本法は、政治体制を異にする明治期と現代との一世紀を隔てて、何の連関もないように思えるかもしれない。しかし、ここでは近代天皇制と家族国家観が異性愛制度の「自然」化と近代的なジェンダーの秩序の構築に手を貸したことを明らかにし、そこに基本法と通底するものがあることを論じる。

そして終章では、以上の議論を踏まえ、ジェンダー家族を超える新たな生の営みの場の可能性を示唆したい。法制度・社会政策の観点からのフェミニスト法学の議論や、現実に実践されているジェンダー家族を超えるこころみを取り上げながら、いかにすれば私たちが、これまでの想像の範囲を超えた生きる選択肢を手にすることができるのかを素描したい。

序を閉じるにあたって重ねていえば、私が本書でこころみたいのは、近代の国家と社会がどのような仕組みと仕掛けのもとで、ジェンダー家族をつくりあげてきたのかをしっかりと検証することだ。ここで留意すべきは、それは何も、強力な国家や狡猾なイデオローグが緻密なプロットによって、人々にそうした家族を強制し女性を抑圧してきた、というようなことではない。それどころか、むしろ国の政策や支配的な社会規範に抗して、あるいは自らの幸福と満足を求めて、女性たちが先陣を切って積極的に自らつくりあげていったのでもある。

本書ではそうした側面に焦点を当てることで、より深く、私たちにかけられたジェンダー家族の縛りを解体する方途を探りたい。言うまでもないが、それは何も、歴史における女性たちの「過ち」を批判したいからでは、まったくない。それどころか、私たちはいまだ彼女たちとほとんど同じ地点に在るといってよいのであり、私はこのこころみを彼女たちとの共同作業によって行っているのだと考えている。

このように本書は、主として明治期から戦前の素材を扱うが、歴史的事実を明らかにすることだけが目的なのではなく、狙いはむしろ、そうした歴史に分け入ることで、私たちの現在をよりよく理解していくことにある。私たちの近代がとくに女性をエージェントとして構築したものを顕わにしていくこと、未来への挑戦のこころみを果敢に行っていくこと、その両方をともに行っていくことに、現在の意味があるはずだ。

注

(1) 現在(二〇〇六年一月)、内閣府男女共同参画局による「男女共同参画用語」解説では、「ジェンダー」は「社会的性別」とされ、「文化」の語は外されている(男女共同参画局HP http://www.gender.go.jp)。これは、第6章でも触れるような、男女共同参画社会基本法・条例やジェンダーにかかわるフェミニズムの思想・運動を歪曲して、「日本の伝統文化の破壊」だと攻撃するバッシングの動きを意識したものであろう。しかし、社会と文化が分かち難いものであること、文化や伝統の名においてジェンダー・ステレオタイプが許容されてはならないことは、言うまでもなかろう。

(2) 終章で論じることだが、新たな家族関係を実践するこころみのなかでは、「近代家族」と呼ばれてきたような、血縁の親子関係や異性愛関係に限定された家族形態が「伝統的」家族 traditional family, traditional relationship とされることがしばしばあるので、「近代」家族という名称は混乱を招きかねないというのも、「近代家族」の語を避けたい理由である。同じく終章で言及するファインマン(Fineman 1995＝2003)は、性愛で結ばれた夫婦を核とする家族を sexual family と呼んでいるが、ここでいうジェンダー家族は、これとも重なる。また、竹村は、「近代市民社会においては、セクシュアリティとジェンダーとセックス(解剖学的性差)が同延上に重ね合わせられ、ある種の異性愛を強制するヘテロセクシズムが作られていにった」(竹村 2001: 36)としている。本書はこの見解に同意するものであり、「セックスは、すでにつねにジェンダー」であり、近代以降、とくに「家族」を鍵として、セクシュアリティ/性的欲望もまたジェンダーによって構築されてきたと考えるのも、「ジェンダー家族」の語を用いる理由である。

なお、日本においては明治以降の近代化の事情によって、敗戦以降、家族の「近代化」という概念が特定の意味内容をもって理解されていたため、「近代家族」の語にはもともと若干の誤解もつきまとっていた。この点を整理したものとして牟田(1996: 第2章)参照。

I　近代のセクシュアリティと家族──「新しい女」をめぐって

第1章　「新しい女」の政治――逸脱する女性像の比較分析――

男女の対の結びつきを構成要素の核とするジェンダー家族にとって、セクシュアリティの意味はきわめて大きい。しかしそれは、子をなし家族を再生産していくのに必要だから、という単純な理由によるのではない。そもそも、「セクシュアリティ」そのものが、ミシェル・フーコーの論じるように、ヨーロッパ近代において近代的知と権力の枠組みのなかで創造されていった（Foucault 1976＝1986）のであり、そこではジェンダー家族という装置が不可欠であった。近代の諸個人が自らを「セクシュアリティ」の主体として自己形成し、国家がセクシュアリティを身体を通して個人を管理する媒体とするとき、ジェンダー家族はセクシュアリティの政治のもっとも重要な場として機能する。

時期のずれや文化的な違いはあれ、明治以降の日本の社会も中央集権的近代国家として変貌を遂げていくなかで、西欧が経てきたこのような変化のプロセスに無縁であったわけではない。「男は仕事、女は家庭」「良妻賢母」など、日本の社会にとくに「伝統的」と信じられてきたジェンダーに関する規範やイメージも、その本質的な部分が、実は近代化の過程で「創造」されあるいは再解釈されて普及するに至ったにすぎないことを私たちは理解しはじめた（小山 1991; 牟田 1996 ほか）。

性に関する規範やコードも、婚前・婚外の性交、婚外子の取り扱い、同性の性関係などが階層や地域の多様性をもちながらも広く存在し受容されてきた歴史を知るならば、性に厳しい倫理・慣習が「伝統的」に存在してきたというよりも、第一には近代化・西欧化をめざす国家の要請によって、明治以降に創造された近代的構成物である側面を見逃すことはできない。そしてそれはたんに「上から」の強制や押しつけによるのではなく、社会変動のなかで人々が「文明」社会に適応する「近代人」として自ら自己生成を行うプロセスのなかでこそ可能であった。

本章では、十九世紀後半の欧米に始まって、日本はじめ東アジアでは一九〇〇—一〇年代に、「ニュー・ウーマン」the New Woman,「新女性」「新しい女」という表現のもとに現れた新しい女性像を鍵として、女性性とセクシュアリティについての観念の変容を比較分析する。

ここで取り上げるいずれにおいても、彼女たち「新しい女」は、女性に対する因習的な規範や拘束に異議を唱え、女性の権利や結婚制度について発言し、それはセクシュアリティの領域にも及んだ。彼女たちの発言と行動は、当時の社会を動揺させ新しいセクシュアリティの観念を創造するのに一役買うことになるが、興味深いことに、それぞれの「新しい女」たちは、同様の道をたどらなかった。どの「新しい女」たちも、好意的に受容されるとはほど遠く、非難や反発、あざけりや中傷を受けることを余儀なくされたが、その運命はかなり異なった。

彼女たちの行動や発言の何が「新しい」とされ、非難され、スキャンダライズされたか、そして否定的な世論のなかで彼女たちがどのように生き延び、あるいはそうできなかったかは彼女たちの登場したそれぞれの社会が固有にもっていた既存の要素と条件、そして歴史的タイミングのなかで異なっている。じっさい、そのような条件こそが彼女たち「新しい女」を顕在化させ生みだしたともいえるのだ。

「新しい女」とは、どの社会にあっても、多かれ少なかれ一種の流行語・現象であったことは間違いない。そこにどれほどの確固とした「実体」があったのかは疑問であり、ここで分析の対象とするそれぞれの社会の「新しい女」たちが、直接的に比較可能なほどパラレルな実体をもっていたと考えるのは妥当ではなかろう。それは、多分に、それぞれの社会がつくりあげたイメージにすぎないだろう。

だがしかし、どの社会においても、近代の社会経済的変動のなかで、男性性・女性性のありようが新たに形づくられ互いが関係づけられるまさにそのなかで、「新しい女」を意味する同種の言葉が流行語・流行現象として現れてセクシュアリティにまつわるイシューが世論の俎上に上った、その共通性には注目すべきものがある。それは、人々をとりまく社会環境と生活の規範の変化と動揺とが人々の「不安」を呼び起こしていたことの表れであり、セクシュアリティがそのシンボルとなったこと、そしてそのターゲットとなったのが女性、とりわけ若い女性であったということなのだ。

1　登場とその背景

日本の「新しい女」

日本で「新しい女」が新聞・雑誌での熱心な論議の対象となり、流行語の様相を呈すのは、一九一〇年代の前半、明治末のことである。その始まりとなったのは、「近世劇に見えたる新しき女」と題した坪内逍遙の一九一〇（明治四三）年七月の大阪市教育委員会講演会の講演の席上であったことが、いくつかの研究で指摘されている（堀場 1988: 51; 井手 1987: 110; 佐々木 1994: 5 ほか）。この講演で逍遙は、欧米の婦人運動の活発な状況に触れながら、イプセンの『人形の家』のノラをはじめとする新しい女性像を描いた当時の新傾向の欧米の劇作品について論じた。「新しい女」の代表的存在とされた平塚らいてうの自伝にも、同じ旨の記述が見える（平塚 1971: 370）。

しかし、その起源は少し前にさかのぼる。まず、一八八八（明治二一）年九月、『日本新婦人』という雑誌が創刊されている。この誌名は、後述する英米のニュー・ウーマン現象からとられた翻訳語であり（堀場 1988: 177）、表紙には The New Woman の語が掲げられていた（図1-1）。この雑誌『日本新婦人』は、「真正なる日本文明」の発達のために日本の新婦人を養成すると謳う、啓蒙的雑誌であったが、一年後には早くも発行を停止している。他の新聞雑誌等にも目立った取り上げ方は見当らず、このころには日本では「新婦人」の語や概念はまだアピールするものではなかったことがうかがえる。

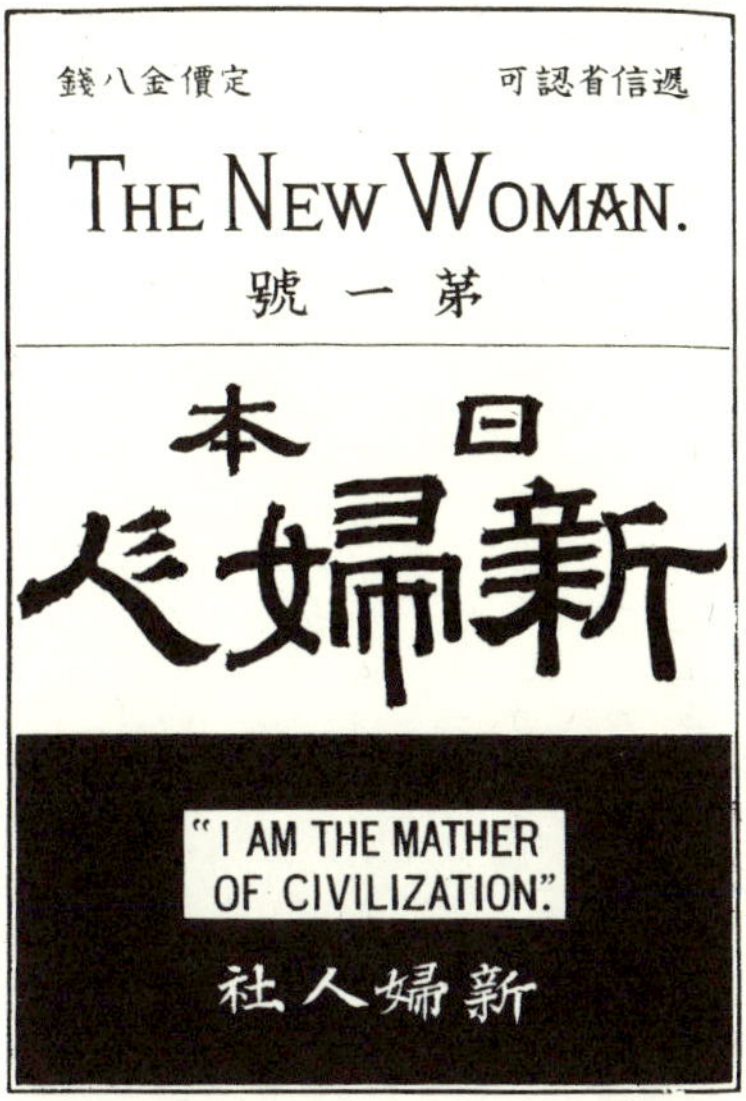

図1−1 雑誌『日本新婦人』の表紙

それが二〇年ほど経った一九〇〇年代後半からは、欧米の女性参政権運動をはじめとする女性運動の模様が、「最新『新婦人』」等の語をもちいて新聞雑誌にさかんに紹介され、事情は変化した[1]。

また、欧米の近代劇に関心を寄せていた文学者は逍遙だけではなく、ノラやマグダ（ズーデルマン『故郷』）らのヒロインを引き合いに出しながら、「新しい女の……」「新しい婦人」等の表現を作品に登場させる作家が逍遙以前にも見受けられる。たとえば、田山花袋『蒲団』（明治四〇年）には「新しい婦人（をんな、ふじん）」の語が登場する。また、柳川春葉の、女性の意識の目覚めを題材とした小説「命の光」（『婦女新聞』連載）でも、主人公が「妾達は何うしても、是から新しい女の道を拵へなければならないのでせう。」

と口にする（明治四一年四二六号）。

さらに、一九一一（明治四四）年五月には、「新しい女」の動向を日本国内に移して爼上に載せる記事が『東京朝日新聞』に登場している。「新しき女」と題されたこの連載（署名　皓天生）は、七月まで三五回にわたって続く。この第一回は、「世界における婦人運動の大勢は今や何人も阻止すべからず、是を之れフェミニズムという」と述べ、続く回で、かつて森田草平との「心中」未遂事件で話題になったらいてうをはじめとする有名・無名の女性たちを取り上げた。堀場清子によれば、この連載では「新しき女」とは、そのコンセプトとしては有名女学校に通う「良家の子女」を主流とする新しい社会・時代にふさわしく危険性のない若々しい望ましい女性像であったが、実際に連載に挙げられた女性たちの選択からすると、「この時点での『新しき女』とは、発現の様態がどうあろうと、従来の規範から逸脱する女の『総称』」であった（堀場 1988: 69-71）。

そして坪内逍遙の率いる文芸協会が、一九一一年九月の坪内私邸での試演を経て一一月に帝国劇場で『人形の家』を上演し、劇中の人物ノラが個に目覚めて従順な妻から夫へ反逆する姿が、主演松井須磨子の人気とともに、大きな話題を呼んだ。

このように内外での新しい女性の生き方、女性像が、驚きと揶揄を込めた論議の対象となっていたまさにそのとき、一九一一年九月、『青鞜』が平塚らいてうらによって創刊された。周知の通り、「山の動くとき来る……」と与謝野晶子の詩を巻頭に、新しい女性の時代の到来を掲げて発刊され文芸界のみならず広く注目を集めたこの雑誌とその同人（社員）たちは、このような時代背景のなかで、「新しい女」

の同義語になっていく。

『青鞜』発刊後、いくつもの新聞・雑誌が競って「新しい女」の特集を組み、そこには多数の青鞜社員たちが登場した。『読賣新聞』は一九一二（明治四五）年五月五日から「新しい女」二五回の連載を始め、そこには与謝野晶子、瀬沼夏葉、田村俊、長沼智恵子、中野初ら多くの青鞜社員が登場し、「『青鞜』が新しい女の代表的団体であることは今や天下の均しく認むるところ」と述べられた（連載第九回）。つづいて『國民新聞』では「所謂新しい女」と題する記事を七月一二日から一五日の四回にわたって連載し、ここでは荒木郁、らいてう、尾竹紅吉らの青鞜社員の名が上がった。『新潮』も九月に「新しい女」の特集をしてらいてうや『青鞜』を論じ、『青鞜』に集う女性たちが「新しい女」の代名詞となる。

らいてうによれば、それは、ノラやマグダなど、女主人公たちが世評を賑わせた文芸協会上演の芝居について『青鞜』で論じたことが、実際は否定的に論じたのにもかかわらず、「ノラを礼賛し、マグダを理想とする」新しい女というふうに受け取られたからである（平塚 1971: 369-370）。先に述べたように、一九〇〇年代のはじめからの状況を考えれば、実際には、必ずしもらいてうの認識しているような単純な連想によるものばかりではないと思われるが、『青鞜』に集う女性たちが「新しい女」とほとんど同一視されるようになったのは事実であった。

そしてこの「新しい女」現象は、翌一九一三（大正二）年も、六月『太陽』「近時の婦人問題」号全巻挙げての特集、七月『中央公論』臨時増刊「婦人問題」号、同じく七月『六合雑誌』特集「婦人問題に対する吾人の態度」というかたちで展開し、世論を賑わせつづけた。一九一二年四月、坪内逍遙の講演内容が『所謂新シイ女』（粋美堂）として上梓されたとき、そのなかで逍遙は「新しい女という名称は今日では最早新しくはない」と述べており、らいてうは「とにかく、この大正二年（一九一三年）という年ほど新聞雑誌の上に『新しい女』の文字の見られた年はありません」と記している（平塚 1971: 466）ことからも、「新しい女」の語がこの頃流行語として定着しすでに流行のピークを迎えていたことがわかる。

欧米のニュー・ウーマン The New Woman

(i) イギリス

ニュー・ウーマンは、十九世紀末の英米でも一種の流行現象として登場した。イギリスにおいては十九世紀の後半、とくに一八八〇年代と九〇年代に、新しいタイプの女性をヒロインとした、ニュー・ウーマン・フィクションと呼ばれる一ジャンルが隆盛する(2)。ニュー・ウーマン・フィクションの担い手は、フェミニストたちのみではない。むしろフェミニズムに反感を抱く作家によって描かれたものもあり、フェミニズムとのかかわりは一様ではないが（川本 1999: 45）、それらの作品のヒロインたちは、ビクトリア時代に長く理想とされた「家庭の天使」とは対照的に、結婚以外のキャリアに自己実現の道を見いだしたり、合法的結婚をしりぞけ男女の自由な結びつきを主張したり、何らかのかたちで新しい結婚観、両性関係をめざそうとする女性として描かれた。

日本の「新しい女」と同じく、イギリスのニュー・ウーマンも、流行語としてメディアの俎上に上がった。そのきっかけは、一八九四年五月、『ノース・アメリカン・レビュー North American Review』誌（アメリカで発行されてはいるが、イギリスの事情に詳しかった）上で、フェミニスト作家セアラ・グランドと、アンチ・フェミニスト作家ウィーダ Ouida(3) の二人の女性作家がたたかわせた論争だった。新しいタイプの女性たちを擁護するグランドに対し、ウィーダがはじめて大文字のNとWを用いて、ニュー・ウーマン the New Woman が強い虚栄心と生半可な知識でイギリス社会を脅かしていると書いた（Jordan 1983: 19-20）。

この論争は大きな反響を呼び起こし、『オブザーバー The Observer』誌（五月一三日号）、『ペル・メル・ガゼット The Pall Mall Gazette』誌（五月一六日号）が論争を紹介したのに続いて、当時、有数の発行部数を誇った『パンチ Punch』誌（五月二六日号）がニュー・ウーマンを揶揄し、このパンチ誌の取り扱いが、この後、出版界がニュー・ウーマンの語で賑わう直接のきっかけとなった。これをエレン・ジョーダンは比喩的に、パンチ誌が「洗礼式を執り行い名を正式なものとする」「牧師」の役を果たしたと述べている（Jordan 1983: 20）。

こうしたイギリスでのニュー・ウーマン現象の背景には、十九世紀後半以降の、妻の財産権の確立や女子中高等教育の拡大、そして女性参政権運動の興隆など、フェミニズム運動のさまざまな成果があった。一八八〇年代になるとこれらの成果の上に、教育上・職業上の機会に恵まれたフェミニスト第二世代が社会の多様な領域で活躍を始めた。彼女たちは、ビクトリア時代の家庭領域への拘束から解放され結婚制度への疑問を抱くとともに、高等教育によって独身であっても経済的に安定した生活を送ることができるという信念を第一世代から受け継ぎ、それを実現していった（Jordan 1983: 19）。

そしてこれに呼応するかのように、一八八〇年代から九〇年代には、出生率の低下から都市問題、社会主義とニヒリズムの勃興まで、あらゆる社会悪の因として「女性問題」が論じられた。つまり、ニュー・ウーマンは、ジェンダーと階級、セクシュアリティの境界を脅かし、ブルジョワの社会秩序を脅かす危険な存在として、ビクトリア期の社会秩序の変化に対する不安を解発する役回りを担ったのだった（Ardis 1990: ch. 5）。

(ii)アメリカ

アメリカにおいてもニュー・ウーマンは危険な存在であった。アメリカでは一八八〇年代から九〇年代にかけてニュー・ウーマンが、新しい顕著な政治的・社会的現象として現れた（Smith-Rosenberg 1985: 176）。彼女たちは因習的な女の役割を拒否し、男性と同等の権利を主張した。後述するように、彼女たちニュー・ウーマンの社会的・性的な正統性をめぐって、男女ともに巻き込んだ半世紀におよぶ世論の討論があった（Smith-Rosenberg 1985: 245）。

キャロル・スミス＝ローゼンバーグによると、アメリカにおいてニュー・ウーマンとは、富裕な階層の出身で、独身であり、高等教育を受け、十九世紀末の都市に増えた政府機関やその他公的機関に専門職として活動の場所を得ていた、経済的に自立した女性たちであった。彼女たちは結婚を回避し、専門職としての地位を求めてたたかい、ラディカルな経済・社会改革運動に加わり、じっさい確かな政治的力を発揮したという点において、人口学的に見ても政治的な意味でも劇的な現象であった（Smith-Rosenberg 1985: 245）。

アメリカのニュー・ウーマン現象の背景には、イギリスをさらにしのぐ女子高等教育の発展があった。一八三七年にマウント・ホリヨークに初の女子大が開設された後、一八六〇年代から一八八〇年代にかけて、一八六五年ヴァッサー・カレッジ、七二年スミス・カレッジ、七五年ウェルズレー・カレッジ、八六年ブリンモア・カレッジと女子大学が次々に創設された。一八七〇年にはコーネル大学、ミシガン大学など、それまで男子のみであった大学も少しずつ女性に門戸を開放しはじめた（Faderman 1991 = 1996: 14）。

一八七〇年代までに、高等教育機関に籍をおく女性は一万一〇〇〇人（全学生の二一％）、八〇年には四万人（同三二％）に上り（Evans 1989 = 1997: 234）、全米で女性を受け入れるカレッジは一五三校、女子学生の数は高等教育を受ける全学生人口の三分の一以上に達した（Faderman 1991 = 1996: 14）。

高い大学教育を受けた女性たちは、「レディらしくない」、自己実現可能な知的に満足できる職業を求めた。女子学生の親たちや大学経営者たちにとっては、大学教育とは若い女性が因習的な、教育のある妻になるための準備をする社会的儀礼にすぎなかったが、女性教育者たちや少数の男性の理解者たち、そして女子学生たち自身も、大学教育を都市の中産階級的な管理・専門職の世界で男性と競りあっていくための道だと見なしていた。実際のところ、家庭を離れての大学の寮での生活は、女子学生たちにとって、料理や育児に励み客をもてなすブルジョワのドメスティックな世界から離れて、若い男性たちの知的な同輩となる第二の社会化の機会となった（Smith-Rosenberg 1985: 249-253）。

一八七〇年代から一九二〇年代の間、全アメリカ女性の一〇％が未婚であったが、女性の大学卒業者の四〇―六〇％が結婚しなかった（Smith-Rosenberg 1985: 253）。結婚してもそれはほとんどの女性より遅く、産んだ子どもの数は少なかった（Solomon 1985: 118）。多くのニュー・ウーマンたちが大学にファカルティとして残ったりセツルメントハウスで一生を送った。

セツルメントハウスは、もともと英国の男性社会改革者たちの活動に発するが、この時代のアメリカにおいてそれはもっぱら女性の制度となった（Smith-Rosenberg 1985: 254）。セツルメントハウスはアメリカのほとんどの主要都市に広がり、一九〇〇年までに百近くが創設され、そのほとんどが女性の手によった。これらの女性は、当時自覚はされていなかったが、ソーシャルワーカーという近代的職業を発明し従事していたのだった（Evans 1989 = 1997: 236）。

十九世紀後半はまた、高等教育修了者以外にとっても、女性の労働市場が確実に広がった時期であったこともイギリスと同様であった。一八七六年のフィラデルフィア万博で紹介され急速に広まったタイプライターは、女性の職業市場拡大のシンボルであった。一九〇〇年までには事務職の三分の一を女性が占めるようになり、一九二〇年までにはその大半が女性となった（Evans 1989 = 1997: 218）。第4章で詳述することだが、女性参政権運動を代表とする女性たちの権利を求める運動がこの現象の背後にあったこともまた、アメリカもイギリスと同様であった。

(iii) 日本との比較

これら英米のニュー・ウーマンと日本の「新しい女」とを比較してみると、日本でも同様に「新しい女」の出現の前に女子高等教育の機会が生まれている。それまで唯一の官立女子高等教育機関であった女子高等師範学校に加えて、一九〇一(明治三四)年に成瀬仁蔵が政財界の支持を受けて初の女子専門学校として日本女子大学校を創設した。同時期に女子英学塾・東京女医学校・女子美術学校などもあいついで設立され、二十世紀初頭の数年間に女子高等教育の本格的な発足を見た(4)。これらの学校が女性たちにそれまで存在しなかった、活躍のための機会をつくる基盤になったのは確かだろう。じっさい、らいてうはじめ、中野初、木内錠、上田君、茅野雅ら、『青鞜』創刊時の主力社員の多くは、日本女子大学校の卒業生であったし、他にも多くの卒業生が社員として加わっていた(堀場 1988: 20-21)。

しかしながら、以上のような日本の女性の高等教育機会は、アメリカやイギリスに比べれば非常に限定的であった。一九一三(大正二)年の東北帝国大学理科大学を皮切りに、正規の大学がわずかながら女子に門戸を開いたが、第一次大戦後の一九一八(大正七)年においても、臨時教育会議で「女子教育ニ関スル件」が諮問され高等女学校教育と並んで女子高等教育が議題となったが、結局高等教育は時期尚早として見送られ、女子の大学への門戸はほとんど広がらなかった。

さらに、産業化の途上であってブルジョワジーがいまだ成長していなかったことを反映して、中産階級以上の女性に可能な経済的に独立・自立できる職業機会も、中等教育以下の教員を除けばほとんどなかった。

このように日本の「新しい女」たちのおかれた社会経済的状況ははるかに厳しく、その活躍の場は、『青鞜』の女性たちに典型的なように、文学や文筆の場に限られることになった。じっさい、文学の領域では、女性の活躍はこの頃から目立ちはじめていた。『中央公論』の一九一〇(明治四三)年一二月号では「女流作家小説拾篇」特集が組まれ、女性が新聞の懸賞作品に選ばれるなど女性作家が次々に登場していた。事実上文学は女性が社会経済的に活躍するただ一つの途であって、このことは日本の「新しい女」のあり方を規定した。少数の例外を除いて、「新しい女」が英米のニュー・ウーマンの真のカウンターパート、いわば日本版ニュー・ウーマンである途は閉ざされていたといってもよい(5)(6)。

韓国(7)の「新女性」

欧米以外で「新しい女」現象を見たのは日本だけではない。ほとんど同時期、朝鮮半島や台湾、中国本土でも、それぞれの言語で、「新女性」「新式女性」などの表現で、女性たちをめぐる熱心な議論が始まった。それらのアジアの国・地域の「新しい女」たちは、教育や、雇用の機会など、日本よりも社会経済的条件という意味ではさらに不利な状況にあったと考えられる。したがって、それを見ることで日本の新しい女たちの姿はふたたびよりクリアに浮かび上がってくるだろう(8)。

韓国の「新女性」ははじめ、新たに創設された西洋式の学校で「新教育」を受けた女性を意味した。アメリカ人女性宣教師によって一八八六年に設立された梨花学堂と一八八九年にソウルで両班婦人たちによって開かれた順成女学校はその近代的学校の嚆矢であり代表であるが、一九〇〇年代後半の女子教育運動の広がりによって、一九〇五年から十年の間に全国に二百余りの私立女学校が設立された。この運動のなかで数十の女性教育団体が組織され、女子教育の向上と男女平等の実現を通じて民族の自立と社会改革を訴える教育ある女性たちが「新女性」と自称し、またそう呼ばれることになった（Kim 1976）。

一九一〇年の日本による併合後、出版の厳しく制限された時期を経て、一九一九年の「文化統治」への植民地政策の変化によって、一九二〇年代に韓国の新聞・雑誌は出版を再開し、女性や女性のあり方についての議論も登場する（Shin 2002: 166）。

一九二〇年には、金元周（一葉）が、『新女子』誌を創刊する。彼女の定義によれば新女子とは、古来からの因習道徳を打破し、男女の性別に限定されることなく「平等の自由、平等の権利、平等の義務」等をめざすものであった（山下 2000: 229-230）。また彼女は、自由恋愛と自由な結婚・離婚の実現を主張した（山下 2000: 232）。

さらに、一九二三年にはその語の通り、『新女性』と題した雑誌が創刊された。これは『新女子』に比してより大衆向けで、この後いっそう新女子・新女性という言葉がジャーナリズムに登場するようになる（山下 2000: 235）。その創刊号は、「新女性」を「真の個人としての意識に目覚めた女性」と定義している。

つまり、この時点での「新女性」は、教育ある愛国女性であるのみならず、個人主義的で女性の自由を主張する、西欧的でより「進んだ」意識をもつプログレッシブな女性たちのことであった。「新女性」

は、服装や髪型にもかろやかな西洋風を取り入れ、反対のカテゴリーである伝統的ライフスタイルにしがみつく「旧女性」とは、外見からして見分けがつくのだった（Shin 2002: 167）。

したがって、日本の「新しい女」が『青鞜』に代表されるラディカルと目された女たちを指したのに対して、韓国の「新女性」は、女性の権利と教育程度の向上をめざしながらも家庭内の女性役割を重視し教養ある女らしさを称揚する啓蒙的保守派の女性たちと、あとで現れた個人主義的な意識を強調し伝統的な女性性の規範に異議を申し立てるプログレッシブでラディカルな女性たちの両方を含んだ。

これは、日本での場合、後述するように津田梅子のような西欧的教育を受けた啓蒙的女子教育者たちが「新しい女」にはっきりと敵対し、マスメディアもこれら啓蒙的女性たちを「新しい女」とは呼ばなかった事態とは大きく異なっている。また、日本の「新しい女」が他称として揶揄的なニュアンスを伴って出てきたのに対し、「新女性」が誇り高い自称として当初は現れたことも興味深い違いである。

2 「新しい女」たちとセクシュアリティの逸脱

社会経済的地歩をそれなりに確保し、英米のニュー・ウーマンは政治・経済的権利を求める運動や社会活動等で現実に力をふるった。婦人参政権に関していえば、一九一八年のイギリスに続いてアメリカでも一九二〇年に女性の普通選挙権が実現した。これに対し、日本の「新しい女」は、そのような政治的・社会的勢力とはなりえず、またそのいのちも短かった。その短い期間に、日本の「新しい女」たちの論議の矛先は、結婚や家族のあり方、男女関係、セクシュアリティの領域に集中的に向かった(9)。また、韓国のラディカルな「新女性」たちも同じようにセクシュアリティについて熱心に論じることになった。

女性の自由の訴え

日本の「新しい女」は家父長制に抗して、女性の自由と、男女の自由で自発的な恋愛に基づく結婚を主張し、女性のセクシュアリティについても大胆な発言を行った。それは女性をとりまく当時の文脈のなかではきわめて非因習的なものであった。

日本の「新しい女」として象徴的な存在であった与謝野晶子や平塚らいてうが、詩作や評論において、当時としてはラディカルな作品や論文を発表していたことはよく知られている。晶子の文壇デビュー作である『乱れ髪』(明治三四年)は、女性の性的欲望を大胆に謳いあげた。らいてうもまた、『青鞜』をはじめとした雑誌に婚姻制度と女性を縛る既存の道徳に対する疑問を表した。

「何故世の多くの婦人達には……結婚が女の唯一の生きる道だということに、すべての女は良妻たり、賢母たるべきものだということに、これが女の生活のすべてであるということにもっとも根本的な疑問が起って来ないのでしょう……」

「愛なくして結婚し、自己の生活の保証を得んがために、終生一個の男子のために昼間は下婢として、その雑用に応じ、夜間は淫売婦として侍することを肯じている妻の数は今日どれ程あるか知れないでしょう……」(「世の婦人達に」『青鞜』三巻四号、大正二年)

と、大胆な表現で、既存の結婚制度に反対する意見を表した。また伊藤野枝も、「風俗紊乱」のかどにより発禁処分となった『青鞜』三巻二号(大正二年)で、愛のない結婚は不道徳であると書いた(「此の頃の感想」)。

このほか、『青鞜』では、後にも触れるように、処女性や堕胎、婚姻外での性関係など、さまざまな性愛や身体にかかわるテーマで論争を行い、当時の因習道徳を驚かせる発言を続けた。

韓国の「新女性」の、プログレッシブな女性たちの主張も同様であった。彼女たちは、男性知識人たちとともに、革新的な結婚のあり方を主張した。彼女たちによれば、結婚は自由恋愛による互いの愛情に基づくべきである、夫も妻も結婚後も職業をもって女性は経済的に自立すべきであり、財産は夫と妻に平等に分与されるべきである、女性にも離婚の権利が認められるべきである(Shin 2002: 168-169)。彼女たちの議論には、自立と自由を求めて夫のもとを去ったイプセンのノラがしばしば引用されている(Shin 2002: 168-169)。

日本の「新しい女」たちはまた、現実生活においても新しい思想の実践者であった。晶子は、当時二番目の妻と結婚していた与謝野鉄幹との愛を貫くため、大阪・堺の親元を出た。伊藤野枝もやはり自由と恋愛のために流転の人生を送った女性であった。福岡県の故郷での、親によって決められた結婚に満足できず修学のために上京、女学校教師であった辻潤との恋愛と結婚ののち、辻のもとに長男をおいて大杉栄と結びつき、都合三度にわたる結婚を繰り返した。

らいてうも、理論の実践者であった。新しい女性の時代の旗手として登場する以前の、森田草平とのミステリアスな「情死」行は、彼女の愛の実践的実験の表れであったのだろう。また、「圓窓より／茅ヶ崎へ、茅ヶ崎へ」(『青鞜』二巻八号、大正元年)では「紅吉を自分の世界の中なるものにしようとした私の抱擁と接吻がいかに烈しかったか、私は知らぬ。」と青鞜社の同人であった尾竹紅吉との間の同性間の情熱的でロマンティックな関係についても記している。年若く社会的・経済的にもらいてうに比肩するところのなかった画家奥村博との恋愛も衆目の集まるところで、彼女の奥村への愛を隠すところのなかったところから、「若い燕」の流行語さえ生んだ。奥村との法律・制度に拠らぬ「共同生活」は、「……私は現行の結婚制度に不満足な以上、そんな制度に従い、そんな法律によって是認して貰うような結婚はしたくないのです。私は夫だの妻だのという名にだけでもたまらないほどの反感を持っております。……」(「独立するに就いて両親に」『青鞜』四巻二号、大正三年)の高らかな宣言とともに始まり、世間の指弾を受けながらも堂々と続いた。

また、『青鞜』社員で歌を発表していた原阿佐緒は、大正期に世評を賑わせた恋愛事件の主人公であった。彼女は日本女子美術学校在学中に妻子ある教師との間に男児を出産、青鞜入社の頃は宮城県黒川郡の生家でその子を育てていたが、やがて洋画家の婿を迎えるが離婚し、その後、東北帝国大学教授の物理学者で歌人であった石原純との有名な恋愛と破局に至った。また同じく社員宮城ふさにも、武者小路実篤との恋愛があり、「青鞜社不良首魁」「新しがり」と新聞でのゴシップを提供した（『東京毎夕新聞』大正元年一二月一二日、『やまと新聞』大正元年一二月一三日）。

新しい女への非難・攻撃

こうした女たちにメディアの関心は高かった。先に挙げたようにいくつもの雑誌・新聞が特集を組み、あるいは単発で、「新しい女」に関する記事を載せた。それらの記事のなかには、「新しい女」や当時の婦人運動に許容的・好意的なものもあったが、全体としては揶揄・嘲笑の対象としての扱いであった。一九〇一（明治三四）年に出版された晶子の『乱れ髪』が、高山樗牛や佐佐木信綱などの男性文士・歌人たちから「淫情浅思」「乱倫の言」と酷評を受けたことは知られているが、その十年後の「新しい女」論においても、メディアは彼女たちの「モラル」を攻撃する機会を逃すことはなく、彼女たちの恋愛や飲酒等を取り上げて「ゴシップ」を流した。『青鞜』の編集後記に紅吉が記した「青鞜ミーチング」での飲酒の記述（二巻六号、明治四五年）がことさらに取り上げられて非難され（『読賣新聞』「文芸雑誌月評」明治四五年六月一一日、『中央公論』明治四五年六月号）、その後も、一九一二（大正元）年一〇月の一周年記念の会が「所謂新しい女の梁山泊青鞜社の姫君達……」「此の連中には附物の麦酒」と揶揄し中傷しつつ報じられた（『東京日日新聞』「新しがる女」大正元年一〇月二五日）。ましてや、らいてうたちが紅吉の叔父尾竹竹坡に連れられ吉原へ出かけたことは、「女文士の吉原遊」などの表現で格好の話題を提供することになった（『萬朝報』明治四五年七月一〇日）。

こうしたメディアの攻撃は、彼女たちを現実的に脅かすことにもなった。らいてうによれば、「放蕩無頼」とされた青鞜社に対する世間の非難攻撃は強く、らいてうの私宅に石つぶてを投げられたり、「得体のしれない男」が面会を強要したり脅迫状さえくることがあった。また、社員のなかに「私は新しい女ではない」と脱退を申し出る者が相次ぎ（平塚 1971: 376-378）、講演会の会場を断られるなどの影響が出たという（平塚 1971: 451）。

彼女たちへの攻撃は、それにはとどまらず、アカデミズムからも非難が起こった。一九一二（大正元）年の社会政策学会で、東京帝国大学農科大学教授和田垣謙三をはじめとする学者たちは、「新しい女」を社会を紊乱し私生児や庶子を増やして家族制度を破壊するものと断じた（堀場 1988: 143-144）。また、保守的男性によるだけでなく、女性や女子教育の推進者たちからの正面切った攻撃も始まった。啓蒙的女子教育者・文化人であった成瀬仁蔵、津田梅子、鳩山春子、嘉悦孝子らは彼女たちに批判的であった。成瀬は、

「現今日本に起りつつある所謂新しい女の一派は……要するに一種の病的な狂的な現象であらうと思ふ。……自分の事以外親の事も家の事もそれらは総て顧みないといふやうな人がある。私はそんなのは生理的に欠陥を有ってをるのであろうと思ってゐる。」（「欧米婦人界の新傾向」『中央公論』大正二年四月号）

と書いた。津田梅子は、全校生徒を集めて、青鞜社は危険思想である、悪魔であるとお祈りをした（10）。また、宮崎光子、西川文子らは、一九一三（大正二）年『新真婦人』を創刊し、「新しい女は善良な国民を殺す毒蜂」とらいてうらを酷評した。

現実的な政治的攻撃にも彼女たちは堪えなければならなかった。『青鞜』は数度にわたって「安寧秩序紊乱」として当局より発禁処分を受けた。その咎めの原因になったと考えられるのは、福田英子論文「婦人問題の解決」（三巻二号、大正二年二月に掲載）のような政治的理由もあった。が、それよりも、恋愛以外の結婚を排斥した伊藤野枝の「此の頃の感想」（同号）や、荒木郁が小説「手紙」で有夫の妻と年若い愛人の関係を肯定的に描き、因習的な結婚に異を唱えた二巻四号（明治四五年）、原田皐月が「獄中の女より男へ」で堕胎の禁に異を唱えた五巻六号（大正四年）、収録の「世の婦人たちに」が家族制度を攻撃し婦人の独立を説いて「日本婦人在来の美徳を乱す」とされたらいてうの評論集『圓窓より』（大正二年五月）など、男女の関係のあり方やセクシュアリティにかかわる問題を論じて処分を受けた方が多い。

じっさい、一九一三（大正二）年四月二〇日に文部省は、婦人雑誌に関して、

「近時新しき婦人などと自称するもの簇出し、一種の反抗的悪思潮を流布すると共に極めて淫猥露骨なる文章詩歌等を新聞雑誌に掲載するもの益々増加し、男女学生の思想及び風儀を壊乱するの虞あるにより文部省にては此際大に之を取締るの必要ありとし、近々内務省に交渉して相当の措置を取る

ことなる可しと」(『大阪時事』大正二年四月二一日付、平塚 1971: 459)と取締方針を決めており「新しい女」についてセクシュアリティをめぐることがらがはっきりと問題と目されていたことがわかる。

「新しい女」たちに対しては、女性の熱心な支持があったのも事実であるし、男性知識人の中にも好意的な反応を見せる者もあった。森鷗外は晶子とらいてうを高く評価する文を書いており(『中央公論』明治四五年六月号「与謝野晶子論」特集「与謝野晶子さんに就いて」)、島村抱月の『青鞜』創刊に際しての評も好意的である(『読賣新聞』明治四四年九月三日、堀場 1988: 79)。そもそも、『青鞜』創刊のアイディア自体、生田長江から出されたものだった。しかしそれでも、「新しい女」たちへの世評は好意的とはほど遠かった。

3 「新しい女」をとりまいていたもの——比較の観点から

「新しい女」の両義性

このように日本の「新しい女」に対する攻撃は厳しかった。しかしそれでも、韓国の新女性たちの運命と比するならば、日本の新しい女たちの被ったこうした苦難には、少し違った様相が見えてくる。

韓国では一九二〇年代の後半になると、結婚・家族制度の改革や恋愛に基づく男女の結びつきを訴えるプログレッシブな「新女性」の道徳性への攻撃が始まり、彼女たちは日本の「新しい女」よりもさらに厳しい道をたどることとなった。誇りある自称であった「新女性」の語は、道徳的に堕落した女性の代名詞となって、金元周ら自由恋愛や貞操問題に発言し行動する新女性たちは、見習ってはならぬ女として位置づけられていく（山下 2000: 236）。

その一つの原因は、韓国の結婚の伝統にあった。結婚が成年へのイニシエーションであり、支配階層にとっては婚姻が地位の確保の重要な戦略であった韓国社会では、若年の結婚の傾向があったが、とくに十九世紀韓国の両班においては、花婿のほうが花嫁よりも若年である結婚が多数派になったほどだった（Deuchler 1992: 242）。そのため、「新女性」に接する教育ある知的男性たちは少なからず、すでに因習的な結婚をしていたのである。このことは、多くのプログレッシブな「新女性」たちにとってふさわしい伴侶を見いだすことを困難にし、自由恋愛の実践によって彼女たちは愛人や第二夫人となった。このことから、「新女性」の語は、乱倫の女、あるいは「高級売春婦」の含みさえもつことになった。そのため、「新女性」のなかでも、啓蒙的・愛国的立場を前面に出して母性を称揚し女性の地位向上を訴える保守派女性たちは影響力をもちつづけたが、二〇年代に話題を呼んだ自由恋愛を主張しセクシュアリティの問題を含めて女性の自由を訴えるラディカルな「新女性」たちのほうは、朝鮮社会から排斥され消えていくことになった（Shin 2002: 166-170; 山下 2000: 215-216）(11)。

これに比すと、日本の「新しい女」たちは、韓国の「新女性」たちと同様のラディカルな発言をし、しかも現実にさまざまな大胆な「逸脱」行動をして当時は厳しく非難されたものの、結果としては「受容」され、文壇や論壇で活躍し一種のエスタブリッシュメントとなっていったことに驚かされる(12)。

その上、むしろ「新しい女」たちは、そのラディカルさにおいて「穏健化」しているようにもみえる。制度的には、またその当初には、親の決めた結婚から逃げ出し後も恋愛を繰り返す(野枝)、既婚の男性のもとに走る(晶子)、「若い燕」と同棲する(らいてう)と、「反逆的」であるものの、彼女たちは結果としては一夫一婦の結びつきに落ちつき多くの子をなして家庭を維持した。また、牟田(1996)で詳しく論じたように、一九一四―一五(大正三―四)年にかけて『青鞜』その他の雑誌を舞台として繰り広げられた「処女論争」で、彼女たちはロマンティック・ラブと結びついた処女性を称揚した。その主張は女性のセクシュアリティの家父長への従属に異を唱え自立を訴えるものではあったが、結果としては、彼女たちは婚前の性交を戒め、「処女」を誤って「棄て」たり「失った」りすることは女の人生の最大の罪であると説いたのだ(牟田 1996: 第5章)。

この後、大正期を通じて女性の性欲や処女性がしばしば議論され、沢田順次郎『性欲に関して青年男女に答ふる書』(大正八年)、羽太鋭治の『性欲及生殖器の研究と疾病療法』(大正九年)などの医学者・科学者によって「処女性＝純潔」の尊さの生理学的・医学的根拠がまことしやかに論じられ、一般の女性たちがこのようなディスクールによって脅かされるようになった(川村 1996: 127)。また同じく大正期後半、当時もっとも人気の高かった作家の一人である菊池寛の『真珠夫人』(大正九年)、『新珠』(大正一二―一三年)など、「処女を汚す過ちは一生取り返しがつかない」をモチーフにした作品が多く見られることからも、「処女性＝純潔」の呪縛が浸透していたことがわかるが、「新しい女」たちはその先鞭をつけたかのようにみえる。

また、一九二〇（大正九）年にはらいてうらの新婦人協会は、「花柳病男子の結婚制限に関する請願書」、「花柳病者に対する結婚制限並に離婚請求に関する請願書」を貴衆両院へ提出し「婦人を通じてなしうるところの男子の放埒なる性的生活に対する一種の制裁であって、そこに道徳的意義も併せて含む」（『女性同盟』二号、大正九年一一月、七頁）と解説して、国家の制裁によって性道徳を厳格に統制しようとする意識さえ見せている（牟田 1996: 137）。

さらに後に「モガ」ブームが訪れたとき、女性知識人のなかでも、らいてうと晶子は、モガたちの「軽佻浮薄」「性的たしなみのなさ」を、厳しく批判する側に回るのである（Muta 2005: 41-50）。

違いをつくった背景

これまで一般に「新しい女」たちについては、そのラディカルさと彼女たちの受けた抑圧が論じられてきたが、こうして比較の視点から見てみると、それだけでなく、そのラディカルな女たちがどうして日本では受容されていくことになったのか、またなぜ彼女たちはむしろ「穏健化」していったのかが新たな疑問として湧いてくる。それらに注目することは、彼女たちの思想をより深く理解し、彼女たちの生きた近代のセクシュアリティのありようを探ることになるだろう。

(i)歴史的文脈のなかで—女たちの大胆な行動の意味

たしかに野枝、らいてう、晶子らをはじめとする「新しい女」たちの行動は、現代の基準から見てすら大胆にみえる。かりに現代の女性文化人たちがこのような行動をとったとすれば、言論人・公人としての地位を危うくしさえするかもしれない。

しかし、「新しい女」からもう少しさかのぼって見るならば、彼女たちはさほど特別ではない。「結婚制度の否定」「因習への反逆」などのスローガンは掲げなかったけれども、「新しい女」以前の、政治的・社会的に活躍した注目すべき女性たちにもむしろ「新しい女」たちよりもさらに驚くような行動がある。

自由民権期に「女民権家」として「東洋のジャンヌ・ダルク」といわれる活躍をした福田英子は、一八八五（明治一八）年に大阪で捕えられ獄中にあったとき、妻のあった当時四五歳の自由民権運動の指導者大井憲太郎と恋愛関係に入る。一八八九年憲法発布での恩赦後、大井の内縁の妻としてともに各地を遊説し、翌年大井の子を出産する。しかしこの頃大井にはすでに清水紫琴と関係が始まっており、福田は大井のもとを去った（福田 1904 = 1958; 村田 1959）。

その清水紫琴もまた、明治半ばの傑出した女性であった。彼女は当時樋口一葉と比較されるほどの女性作家で、民権家としても活動をした後、一八九〇（明治二三）年六月からは、『女学雑誌』編集者として民権論・女権論を執筆し鋭い社会批判をした女性ジャーナリストでもあった。彼女が民権運動にかかわるきっかけは夫が民権家弁護士であったことだったが、その夫の放蕩が原因で結婚は三年で破局に至る。その後、妻もあり福田英子という内縁の妻もあった大井の子を故郷で出産、子は紫琴の兄の養子となった。出産の一年後、二五歳のとき彼女は東京帝国大学農科大学助教授であった古在由直と結婚し筆を折ることとなった（山口 1977）。

あるいはまた、草分けの女性ジャーナリストであり、夫羽仁吉一とともに『婦人之友』を発行、自由学園を創立した教育者でもあった羽仁もと子にも劇的な恋愛があった。一八七三（明治六）年生まれの彼女は、明治女学校に学びながら『女学雑誌』の編集を手伝っていたときに帰省先の郷里で恋におち結婚したが、短期間で破局を迎えた。後にふたたび、報知新聞校正係から記者となり活躍を始めるが、一九〇一（明治三四）年、七歳年下の後輩記者羽仁吉一と恋愛結婚したために二人とも首になり二年で退職を余儀なくされた（江刺 1997）。

さらに、日本キリスト教婦人矯風会の創立者であり、女子学院初代院長であった矢島楫子にも、離婚・出戻り・不義の子の出産等々の、現在の「常識」からすれば、驚くべき行動がある。彼女は地方の有力者の娘として生まれ、兄のすすめによる結婚で三人の子をなすが夫の酒乱や暴力に苦しみ家を出て自ら離縁を宣言した。この、女性の側からの離縁だけでも当時の家族や近郷の人々の非難の的となるところであった。その後、兄の世話をするために上京したが、そこで十歳近く年下で妻のあった兄の書生鈴木要介と恋愛関係に入り、四四歳のとき要介の子を出産した。このとき小学校教師を病気療養として休職し、練馬村の農家の一室を二ヵ月間借りて女児を出産、農家の里子とした。甥にあたる徳富蘆花はこうした楫子の行動を叔母の非行として生涯糾弾しつづけたという（三浦 1989; 久布白編 1935）。

「新しい女」たちに先立つ、晶子やらいてうよりもさらに女性にとって厳しいはずの時代に、女性の教育や職業、政治活動の領域を切り開いてきた女性たちのこうした大胆な行動をみれば、形式はどうあれ一夫一婦的関係を全うし、「処女性」や「母性」を称揚してわが子を手放すことなくよき母でありつづけたらいてうや晶子ら大正の「新しい女」たちは、むしろ「穏健」で「保守的」にさえみえる。

おそらくは、ここから近代のセクシュアリティの規範とジェンダー家族の成立について二つのことを見てとることが可能だろう。

一つには、紫琴や英子・楫子ら先達の時代には、家父長制規範のタテマエはともかく、現実には離婚や婚姻外の子をもうけ里子に出すなどは日常的できごとに属することであっただろう。いやむしろ、「出戻り」や産んだ子を里子に出すことなどは、家父長制のゆえに行われていたことだろう。したがって紫琴らの行動は、親族など身近な者からの非難を浴びることはあっても、それが彼女たちの人生を破綻させたりその後の社会的活動を不可能にしたりするような女性個人のスティグマとはならなかった。その状況は、そこから少し時代を下った「新しい女」たちにとってもまだ激変はしておらず、現在の眼からみれば大胆にみえるような彼女たちの行動も、さほどのスティグマにはならなかったのだろう。

そしてもう一つは、それでも先達の時代とは変化が訪れ、ジェンダー家族の規範が確立していく時代が来ていたということだ。「新しい女」たち自身が、その後優勢になっていく、「恋愛」と「結婚」・「性」を一致させる性愛の規範を先取りしていたのであり、それゆえにこそ、彼女たちは、当時のリベラルな知識人や教育者から非難を受けたのだ。また、「新しい女」たちは、「処女性」と並んで「母性」を称揚したが、そのふたつはまさにジェンダー家族の中心をなす価値である。

さらに、彼女たちの受けた扱いが示しているのは、「新しい女」たちの主張や行動は、結局は致命的なスティグマとはならないにしても、それを「ゴシップ」として揶揄的にとらえ報道すること、いわば「私生活」をクローズアップしてニュースの種としてスキャンダライズすることが始まっていたということだ。それを可能にするメディアとしてのジャーナリズムが成長していたのだ。

「新しい女」が一つの社会現象として現れるにはジャーナリズムの成長なしには不可能であっただろう。「新しい女」現象がジャーナリズムを通じて出現したからというだけでなく、『青鞜』の創刊自体もジャーナリズムの成長の一環にほかならず、またらいてうや晶子が活躍できたのは『青鞜』だけでなく総合雑誌やとくに新しく成長しつつあった女性向けジャーナリズムの成長に負っている。だが、ジャーナリズムの成長はそれと同時に、とりわけ女性のセクシュアリティにかかわる領域が監視され、タテマエの規範から逸脱する者にはパブリックにサンクションが加えられる時代を産みだしたのだ。

牟田（1996: 144）で指摘したように、この時代、「新しい女」たちを含めて、各種のジャーナリズムが入りみだれて処女や貞操、性欲の問題を論じたのは、「自由」の表れであるというよりも、性が飼い慣らされ秩序だった枠組みのなかに自ら収まろうとしていたプロセスであると見たほうが正確であろう。発展しつつあったマスメディアはそのための有効な手段であり、それを通じて近代のセクシュアリティを創造し普及させていく一翼を担ったのだ。ジャーナリズムという市民社会に生まれたメディアと、性を一夫一婦内に閉じ込めるジェンダー家族という市民社会の基底装置とが、連関し合いともに成長していくのは、決して偶然ではなかろう。

(ii)文化的文脈のなかで―背後にある儒教倫理の浸透度の違い

らいてうら「新しい女」たちが、ほとんど一斉攻撃とさえいえるような非難を浴びたことは、男尊女卑を旨とし性的貞節を女性に要求する儒教規範を背景とする武士的・「伝統」的な観念に源をもつものと理解されがちだ。しかし、韓国のラディカルな「新女性」たちのたどった途を見ると、儒教的規範の厳格さや浸透の度合の違いにあらためて気づかされる。朝鮮半島では儒教が日本や中国よりはるかに広範に生活規範として社会全体に影響力をもったことはよく知られているが、セクシュアリティとジェンダーに関する規範もその例外ではなかった。

その浸透度の違いをもたらした大きな理由の一つは、担い手層にある。日本の徳川政権下においても韓国李朝にあっても、儒教は近代に至るまで両国の正統的道徳であった。とりわけ武士と両班は、支配階級として、儒教規範を厳しく身につけたが、その他の平民にも、正統的規範として教化されていった。しかし、日本においては平民、とくに大多数を占める下層農民にとっては、韓国と比べるならば、儒教的道徳・規範は形式的である場合も少なくなかった。

このことは、一つには、この二つの社会における支配層の位置づけから説明できる。日本では明治初期の華・士族の全人口における割合は五%強で（一八八二〈明治一五〉年）、農民が八〇%を占めた。この構成は、一八七三〈明治六〉年の調査もほとんど同じで[13]、江戸後期も大きな違いはなかったと推測される。韓国でも李氏朝鮮において両班は本来、国家官僚およびその予備群の、全人口の一〇%以下を占めるにすぎない限定された存在であったが（Deuchler 1992: 12）、李朝中期以降、売位売官や、地方の有力者である郷吏層の一種の社会運動によって両班の数は急増し、地域によっては半数を両班が占めるところもあった。こうした社会移動の可能性は、両班支配層の思考様式、生活スタイルを下位の階層に浸透させる機能も果たした（宮嶋 1995: 196）。

さらに、日本では兵農分離の政策によって武士は都市に居住し農村で農民と交わることは少なかったのに対し、韓国の両班は農村にも広く居住していた。侍は地主ではあり得ず、農村に住む平民に儒教的道徳を教化したり現実に影響を与えたりする立場にはなかったのに対し、李氏朝鮮時代に広く普及していた郷約や洞契の存在でわかるように、官職をもたない両班が地方社会の一員として、一般民衆の生活を教化し指導する場合がしばしばあった。また、儒学書生によって教えられた書堂は、朝鮮時代の重要な教育機関として、平均して人口八〇〇人あたり一ヵ所程度の割合で普及していた（文 1997: 244 および注4）。日本の明治以前の庶民教育機関であった寺子屋はそれには及ばず、しかも寺子屋の経営者・師匠は、江戸および地方城下町では武士、農漁村では土着武士・僧侶・神官も少なくはなかったが、いずれにおいても農・工・商あるいは芸人といった身分の者が圧倒的な多数に上っていた（国立教育研究所編 1974a: 153-156）。

日本でももちろん、寺子屋だけでなく、宗教を通じて、また通俗道徳のかたちをとって、あるいは幕府や藩による教化策を通じて、儒教規範は中下層農民にも影響を与えはしたが、韓国とのこのような違いと比較すれば、あるいは、教会というかたちであまねく道徳教化機関が存在した欧米とも違って、日本の農民層においては社会の正統的規範とは異なるバナキュラーな道徳規範が維持されやすかったことはうなずける。

その一つの側面が女性のセクシュアリティとジェンダーに関する規範であり、その違いが日本と韓国の新しい女の運命を分かった。武士階級では、家父長に対する女性の従属を説き男尊女卑を正当化する儒教規範を正統とし、血統の保持の要請のために女性の性を厳しくコントロールすることに成功していたとしても、現実には階層や地域によって女性の性規範にはかなりの差異があった。農村においては、「若者宿」「夜這い」の習俗に知られる通り、武士や上層農民が遵守していたのとは異なる性の規範があった。農村においては、婚前の性交渉は不道徳と見なされるのではなく、むしろ共同体の婚姻関係の安定を保証する仕組みでもあった（瀬川 1972）。

そしてそのような環境のもとでは、婚姻外の妊娠はさほどの恥ずべきできごととはならず、養子に出したり娘の妹弟として登録され（『全国民事慣例類集』明治七年。明治文化研究会編 1929: 188 に所収）、子を産んだ娘のその後に取り返しのつかない暗い影を落とすことにはならなかった。支配階級・富裕層を除けば、「処女性」を守ることは、さほどの厳しい規範ではなく、若い娘は結婚することなく、複数の相手とですら、性関係を含む社交を行うことができた。上野千鶴子によれば、明治初期のセクソロジーのブームのなかで紹介されるまで、日本には「処女膜」は知られておらず、その有無によって定義されるような処女性にこだわったことはなかったという（上野 1990: 527-528）。

このような事情のなかで、新しい女たちにとっては、家父長のためではなくロマンティックな愛情のために、自ら選んだ恋愛の対象のために、処女性と貞節を守ることは、新鮮でリベラルな意味をもちえたのだ（牟田 1996: 第5章）。それは西欧的で「文明」的な思想にかない、しかもバナキュラーで野俗な伝統から訣別するという意味においても望ましいことであっただろう。

それに対して、韓国においては、貞節や処女性の規範はより厳しくソリッドであって、日本では一握りの階層を除いては名目的なものにすぎなかった再嫁の禁止すらも、「新女性」が挑戦しなければならない女性を縛る重要な因習であった。山下英愛は、李氏朝鮮時代の女性に要求された厳しい貞操イデオロギーについて、十五世紀以来、再嫁の禁止など女性の貞節を要求する禁制措置は、その遵守が官職進出と結びつけられたために、両班支配層にとって効果をもったと説明している。両班身分は血統の「純粋性」によって保証され、それは妻や母の貞節に直結するものとして受け止められ、そのため貞節は党派や家門の利益と結びつき、家族や郷村レベルでも厳しい監視や処罰が加えられた（山下 2000: 217-219）。

つまり韓国の「新女性」たちがセクシュアリティの問題に踏み込もうとすれば、こうして古くから根づいた日本に比べてより厳しい儒教規範のために、よりプログレッシブでなければならず、その当然の帰結としてより厳しい非難を浴び、より苛酷な運命に陥らざるを得なかったのだ。

(iii)政治的情勢の違い――ナショナリズムとコロニアリズム

「新しい女」たちをとりまいていた政治的情勢も、重要な違いの一つだった。「新しい女」が花開いた一九一〇年代はじめは、日本ではいまだ第一次大戦の戦時には遠い時期であった。じっさい、第一次大戦の始まる一九一四年からはジャーナリズムに戦時色が濃くなり、「新しい女」への非難を含めてメディアからは「女」の議論が減少していく。堀場はこれを、「一九一〇年に始まった女の時代に終わりがきていた」（堀場 1988: 219）と指摘している。言い換えれば、一九一〇年代はじめの「新しい女」の登場は、それが非難の攻撃の嵐であったとしても、ニュースバリューのあるものとしてクローズアップされるという意味では絶妙のタイミングであったといえるだろう。

これに対して、韓国の「新女性」は登場時から、一九一〇年には植民地化に至る日本の圧力による政治的危機のなかにあった。そこで女性運動も、当然のこととして民族解放運動とナショナリズムとに密に結びついていく。先に述べた、「新女性」が生まれることになった一九〇〇年代後半の女子教育運動も、日本に外交権を奪われた一九〇五年の乙巳条約締結後の愛国啓蒙運動の一環であった。

とりわけ一九一九年の三・一運動後は、金マリアによる朝鮮女子教育会の創立（一九二〇年）、月刊雑誌『女子時論』の刊行、一九二一年の日本留学女学生たちの夏休み女性啓蒙巡回講演団組織、金活蘭たちの女子伝道隊による女性啓蒙推進活動など、女子教育運動が発展する。これらの女性たちの運動には、殉教的境地と通じる儒教的烈女観が深く根づいていた（朴 1997: 160-169）。そのなかで、女性の個人としての自由や自由恋愛を唱えるプログレッシブな「新女性」がニッチを拡げることは困難で、「新女性」のなかでも、愛国の母であることを前面に掲げる保守的なグループが女性たちの運動の中心になっていく（Shin 2002: 163-164）のは当然のことであっただろう。じっさい、一九三〇年代のはじめから女性向けジャーナリズムは愛国的母性主義一色になっていき、創刊時にはプログレッシブな新女性のメディアであった『新女性』もその例外ではなかった。これは、日本では一九三〇年代後半になって国に尽くす「母性」の称揚で女性雑誌が覆われる（岡 1981; 木村 1989; 若桑 1995）のに先んじている(14)。

こうした状況のなかで、セクシュアリティの規範に挑戦する韓国のプログレッシブな「新女性」たちは、「新しい女」たちよりもさらにはかない運命をたどらざるを得なかったのだ。しかし同時に、抗日民族運動のバックボーンのために、より厳しい儒教規範から女子教育が日本以上に顧みられなかった韓国において、女性教育運動を中心とした女性たちの運動は全国的・階層横断的で強力なものになった（Shin 2002: 171）。これは、日本ではありえなかった事態であった。

このように日韓の「新しい女」「新女性」がたどった途を見てみると、新しい思想や観念の伝播や普及が歴史的タイミングや、既存の、あるいは内生的な社会・文化的要素、利用可能な資源等によって大きな影響を受けることがあらためてよく理解できる。「新しい女」と「新女性」を比べると、日本の先んじた近代化、逆に儒教規範の不徹底という意味でのいわば「未開」さ、そして植民者／被植民者などの違いが、「新しい女」たちの性をめぐる主張とその運命の違いを生みだしたのだ。そしてそれは今日にも影響を残しているに違いない。

4　ヘテロセクシズムの陥穽

ニュー・ウーマンとレズビアニズム

これまで日本の「新しい女」と韓国の「新女性」が、セクシュアリティにかかわる行動や発言によって、程度の違いはあれいずれも否定的なサンクションを受けてきた様相を見てきた。これに比べてみれば、英米の新しい女たちは、日本や韓国の新しい女たちとは違って、「愛による結婚」や「性と愛の一致」を「大胆にも」唱道して非難される必要はなかった。国家の政治的危機にも遭遇せず、社会経済的な機会にもはるかに恵まれていた。

しかしだからといって、英米のニュー・ウーマンたちがセクシュアリティや結婚の問題に関して何の異議を表すこともなくサンクションを受けなかったわけではない。ニュー・ウーマン現象もまた社会的な非難とともに現れ、セクシュアリティをめぐる領域においてそれはとくに厳しかった。イギリスのニュー・ウーマン・フィクションでもっともセンセーショナルなテーマは未婚での出産であり、ヒロインは因果応報であるかのように死の悲劇に見舞われる（たとえばハーミニア・バートン『やってのけた女』）が、これは多かれ少なかれ、現実に流布している道徳の反映であっただろう。

英米のニュー・ウーマンたちには、セクシュアリティをめぐる非難が違うかたちでも現れた。彼女たちは、ジェンダーの境界を侵犯する者とされ、生理的・身体的なセックス・セクシュアリティの「異常」という攻撃を蒙ることになったのだ。英米のニュー・ウーマンは、社会経済的には日韓の新しい女よりも恵まれていたかもしれないが、セクシュアリティに関しての攻撃にはよりヴァルネラブルであったといえるかもしれない。

アメリカのニュー・ウーマンに対する攻撃は二段階を踏んだ。まず浴びせられた非難は、女性の高等教育・「男性的」職業への進出は、女性の「家庭を守る」べき性役割と、受胎し出産する母性の能力に困難を来すというものだった。一八七三年の出版から二〇年間も愛読されたエドワード・クラーク博士の著書『教育における性、または女子の機会平等』は、学問は女性の受胎能力を妨げ、子宮疾患や無月経、月経困難、子宮病などを引き起こすと説明した。優生論者も、女子高等教育は白色人種の自殺行為と訴えた（Faderman 1991 = 1996: 15）。彼女たちの生き方は、男性が「文化」の創造者であり女性は生命を産みだす「自然」であるという理を覆す暴挙にほかならなかった（Smith-Rosenberg 1985: 258）。

しかし女性の高等教育と職業への進出は衰えず、女性参政権運動や教育の平等に関して草の根レベルの女性運動が活性化し、ニュー・ウーマンが顕在性を増した一八九〇―一九〇〇年代頃からは、新たな質の攻撃が加えられるようになる。それは、精神病院の管理者や医者、心理学者、精神分析学者、そして性科学者によるもので、ニュー・ウーマンの逸脱の定義は「母性の拒否」から彼女たちの「男性の拒否」に移った。先に述べたように、少なからぬ女性たちが未婚を選択し、同性のコミュニティに住むことを選択していたが、このことが彼女たちが生理学的に「不自然」な「中性」でレズビアンである、という攻撃を招くことになった（Smith-Rosenberg 1985: 265）。

男性の同性愛とは違って、西欧の歴史のなかでもレズビアニズムは十九世紀の終わりまで議論されることがなかった。一八八〇年代の半ばから、レズビアニズムを性的異常の一形態として位置づけたのはクラフト＝エービングであった。そして英米においてもっとも影響力のある性科学者であったハヴェロック・エリスは、「男性の心をもち女性の身体をもつ異常」としてフェミニスト、とくに未婚のニュー・ウーマンを攻撃した。一八九五年にエリスは、女性の役割が拡大し学校や社会制度が拡充したことに伴ってレズビアンが増加し、そのことは女性の犯罪率や精神異常率をも増加させたと断じた（Smith-Rosenberg 1985: 270-279）。

そしてエリスの強い影響力のもとで、医学者・科学者たちのレズビアンへの関心は高まった。リリアン・フェダマンによれば、アメリカでは十九世紀末まではほとんどレズビアニズムは無視されており、一七四〇年から一八九五年にかけての『公衆衛生局長官室図書目録』に収められていたレズビアニズム関係の記事は一編にすぎなかったのが、一八九六年から一九一六年の目録第二編には、女性の性的「変態」「倒錯」「病状」に関する一〇〇冊の書物と五六六編の記事が収められている（Faderman 1991＝1996: 56）。

一九〇〇年代に入ると、アメリカの医師や教育者たちはニュー・ウーマンと彼女たちを生みだす教育機関や社会制度、フェミニズムの改革運動やプログラムを、レズビアニズムという女性の「性的病理」と結びつけて攻撃する政治的キャンペーンを始めた。そして一九二〇年までには、レズビアンであるというレッテル貼りは、女性専門職や改革者、教育者、そして彼女たちが創設した教育・社会施設や政治組織の信用を落とすありふれた方法になる（Smith-Rosenberg 1985: 280-281）。

フェダマンは、女性たちの「ロマンティックな友情」がアメリカ史上はじめて中産階級の女性の経済的自立が可能となった十九世紀末にもっとも多くみられたこと、そして女性の職域が拡大したのとほぼ同時期に性科学理論が一般に広まったことは決して偶然ではないと主張する。つまり、なんら経済的基盤をもたないためにあっさり結婚に道を譲っていた女同士のロマンティックな友情が、経済力を確保してより永続的で「真剣な」つきあいになったとき、それは社会的脅威となり、性科学理論は女同士の絆の強まりを浸食する役目を果たしたのだ（Faderman 1991 = 1996: 8-9）。

これに対し、日本と韓国の新しい女は、ヘテロセクシュアルな関係に熱心で、男性との恋愛に冒険的であったが、そのこと自体が社会的サンクションと攻撃を蒙る源であった。ここでは科学は、性交が「血液中の成分を変化させる」と、純潔や処女性、再嫁の禁止の規範を守らせるために援用される（川村 1996: 124-125）。

日本と韓国の新しい女は男女のロマンティック・ラブを追求したために「新しく」「逸脱者」と見なされたのに対し、アメリカの新しい女はそれを拒否したために「新しく」「逸脱」であると見なされた。表れ方は異なるけれども、「新しい女」というかたちで出現してきた「異分子」に、どの社会も攻撃の手をこまねくことはなく、そしてつねに女性のセクシュアリティが攻撃の鍵となるのは同じであることに私たちは気づかされるのだ。

女のセクシュアリティの逸脱の方向

アメリカと日本の新しい女がそれぞれセクシュアリティの逸脱と見なされた方向の違いには興味深いものがある。

日本の「新しい女」は、女性の自立や独立を主張するという点ではアメリカのニュー・ウーマンと同様であったが、アメリカのニュー・ウーマンとは違って女性同士の絆を結ぶことにはあまり関心を払わなかった[15]。日本と韓国のような、夫婦間であっても男女のコンパニオンシップに重きがおかれず、とくに中上層では男女の別が規範である社会にあっては、男性とのロマンティック・ラブの関係を実現することはラディカルで取り組むべき価値のある挑戦であった。

らいてうは、エレン・ケイの『恋愛と結婚』を訳出し、恋愛と結婚の一致、情緒的要素と肉体的要素との一致を説くその内容に傾倒して、「新しい女」のなかでもロマンティック・ラブのもっとも熱心な信奉者の一人であったが、彼女の自伝の「因習的な世間の圧迫、周囲の干渉に悩み苦しんでいた当時の青年男女の心を代弁して、対社会的に、あらゆる障碍とたたかって、恋愛の権利を主張しその自由を確立する必要を感じていた」（平塚 1971: 478, 傍点引用者）との言葉は、こうして比較の文脈におくとより印象深い。彼女たちは、そのために非難されながらも、ロマンティック・ラブを称揚し自由恋愛を実生活で実践した。このロマンティック・ラブへの信奉が彼女たちを「新しい」女にしたのでもあった。

これに対して、アメリカの新しい女たちにとっては、ヘテロセクシュアルな愛の関係のなかに夫と妻としてジェンダー家族を生きることは社会の押しつける規範であった。したがってそれに抗し、女同士の絆を深め、女性のコミュニティで生きることを選ぶことがアメリカの女たちにとっての新しい挑戦だったのだ。当時のフェミニズム運動は、そのたたかいの領域は法的・経済的な平等という「公」的領域にまだ限られており、家庭や男女の私的関係のなかでの女性への抑圧は理論化されていなかったけれども、彼女たちは男性との「愛情」に満ちた関係、あたたかい家庭生活に、彼女たちの自由と自立にとっての罠があることをすでに感じとっていたと考えるのは決して的はずれではないだろう。

他方、男女のコンパニオンシップなど望むべくもない家父長制のもとで、日本の「新しい女」たちは、男女の対等な愛によるロマンティックな結びつきと権威主義的でない親子の情愛の実現に「解放」を求めることになった。彼女たちにとってはジェンダー家族は追求すべき理想であったのだ。

5　現代へのインプリケーション

本章では、近代に日本・韓国、英米で「新しい女」として現れた女性像をめぐってたたかわされてきた議論と彼女たちのたどった途を比較し、近代のセクシュアリティとジェンダー家族の結びつきについて論じてきた。

そしてこの考察は、現代の「新しい女」、つまり、さすがに今日ではややソフィスティケートされたやり方でではあるが、先達と同じく逸脱者のレッテルを貼られがちなフェミニストたちと、セクシュアリティの問題を考える上でも示唆的である。

まず第一に、現代のフェミニズム運動や思想のなかで、アメリカはじめ欧米ではレズビアン女性の勢力が大きな位置を占めるのに対し、日本ではその傾向がさほど目立たないことは、本章で論じてきた歴史に直結している。

アメリカでは一九二〇年代以降、大衆消費社会化が進むなかで、女性のセクシュアリティのイメージはマーケティングの上で多用されるようになり、若い女性は自分自身を商品として男性に売り込む方法を体得しなければならなかった。一九二一年からミス・アメリカ美人コンテストが開催され、健康的な女性らしさという名目のもとに女性の美しさが競われ公開された（Evans 1989＝1997: 286-287）。化粧品の売り上げは急増し、雑誌は「魅力的な女性」になる方法を伝授し、大学では女性の社交クラブが盛んになってエリート階層の夫と妻にふさわしいコンパニオンシップが伝授された。正しい結婚を説く本は、夫婦のコンパニオンシップを強調し、そのために妻に性的魅力を保つことを要請した（Rothman 1978: 177-187）。

　こうして異性間の関係が重視され、女性の共同体がますます望ましくないものと見なされるようになればなるほど、同性の絆を求める女性たちはどうしても団結して一つのグループを形成しなければならなかった。かつてのように、女性のセクシュアリティが否定された文化では、女性が共に生活し互いの愛情に性的な関係が含まれることがあっても、そのような女性たちはとくに存在感はなく社会の脅威にはならない。ところが女性たちの結びつきが「異常な」同性愛であると位置づけられ、女性は男性と真面目でプライベートな関係をもつべきものだと強調されることで、女性同士の絆を求める女性たちは、レズビアンとして一つのアイデンティティを形成することになったのだ（Evans 1989＝1997: 289）。

　この意味で、フェダマンが主張するように、たしかに性科学の知は女同士の友情の絆に深い影響を及ぼしたが、それは浸食され掘り崩されてしまったわけではなく、ある意味では積極的な結果ももたらしたといえはしないだろうか。こうして歴史的に確立されてきた女性たちの絆が、アメリカでのフェミニズム運動の一つの重要な核になっていることも意義深く思える。

これに対して、敗戦まで家父長制家族が制度化されており、しかも戦後は「民主的」な家族と夫婦関係のモデルとして欧米の家族モデルが移入された日本では、それが実現されることが困難であるだけに、夫婦のコンパニオンシップや男女のロマンティック・ラブへの憧れと信念はいまなお強く、フェミニストも必ずしもその例外ではない。

たとえば、日本では避妊ピルの解禁が長らく認められず七〇年代のウーマン・リブ運動とそれ以降もフェミニズム運動のなかではピル解禁は最重要課題にはならなかったが(16)、その理由の一つは、女性が服用する避妊用ピルは、男性パートナーの責任を無化することになり男女の望ましい関係性をつくることを妨げるというものだった。そこでは、女性の性的快楽の追求といった要求が前面に出ることはなかった。また、本書第6章で論ずるように、一九九九年制定の男女共同参画社会基本法においても、男女のパートナーシップを強調する視点はきわめて強い。

第二に、フェミニストがセクシュアリティにかかわる問題を扱う際に生じるアンビヴァレンスは、いまも変わっていないのではないか。

一九六〇年代末以降生まれた第二波フェミニズム運動の画期的な展開は、公的領域から私的領域へと問題のありかの源泉を見いだしたことであった。法律や制度がいくら平等化されようとも変わらない現実の根本の原因は、私的領域にある男女関係、男性性・女性性の意識の問題にあることをフェミニストたちは看破した。そしてそのなかでセクシュアリティの問題はフェミニズム運動にとって重要なイシューになってきた。

日本においても、五〇〇〇人を集めた一九七〇年一一月の日本初のウーマン・リブ大会で、「女の性欲」についての積極的・肯定的な問題提起がなされて注目を集めたが（溝口・佐伯・三木編 1994）、それ以降も、妊娠中絶やポルノグラフィにかかわる問題、さらに近年では、性暴力、セクシュアル・ハラスメント問題と、セクシュアリティの問題はフェミニズム運動にとって最重要課題となっている。

言うまでもなく、そのことによってフェミニズム運動は多くを達成し有効なインパクトを社会に与えてきた。そのことはいくら強調しても強調しすぎることはないが、それでもこうして歴史を踏まえて考えてみるならば、現代の「新しい女」であるフェミニスト女性たちが、相変わらずセクシュアリティの問題に強い関心を寄せざるを得ない事態には、別の意味を見いだすこともできそうだ。

一つにはそれは女性を性的存在として扱い、異性愛のオブセッションを当然とする社会のコードを維持強化することにはならないだろうか。女性に抑圧的な性のダブル・スタンダードに挑戦し女性の性的自由・自立を求めることは、これまで女性がおかれてきた状況からして、当然進めるべき方向なのではあるが、しかしそれは女性を性的存在として位置づけるわれわれの社会のセクシュアリティの強迫観念に知らぬ間に加担してしまう側面はないだろうか。

近代はセクシュアリティの抑圧の時代であるどころか、それにつきまとわれ、オブセッションとなった時代であることをフーコーは看破したが、フェミニストは、いまに至るもいわばその尖兵の役割を務めさせられているという面がそこには見てとれはしないだろうか。フェミニストの運動には、たとえば暴力的な性表現が女性に対する差別であると異議を申し立てる運動が、保守的な風紀粛正運動と接近するパラドックスが見られるが、これはさらに深いパラドックスかもしれない。

また、とくに日本では、むしろオールド・ウェーブの女性運動の目標であったはずの経済的平等の達成が、現実としてなかなか達成されないなかで、セクシュアリティをめぐる問題に論議が集中してしまうとすれば、それは、たたかいの焦点をそらせる危険を伴ってもいるのではないだろうか。

第三に、しかし、「新しい女」とされる女性がセクシュアリティの逸脱者の役割を引き受けてきた構図は、いま興味深い変化を見せているようにみえる。

すなわち、『青鞜』の時代の「新しい女」以降、一九三〇年代の「モガ」、七〇年代のウーマン・リブ等と、「新しい女」の末裔たちは、セクシュアリティの逸脱者としてメディア上で揶揄され消費されながら、時代の変化を象徴してきた。ところが現代に至って、女性の「性の逸脱」はスキャンダラスなインパクトを失い、時代の変化をシンボライズするものとはいえなくなった。そして他方では、ゲイ・スタディーズやクイア理論の発展に見るように、セクシュアリティを鍵としてラディカルに社会への異議申し立てをするのはすでに女性たちの専売特許ではなくなり、フェミニズムはむしろそれらの性的マイノリティから抑圧的・反動的であるとさえ批判を受けるような事態も生じている。

おそらくこれは、偶発的に起こっていることではないだろう。本章で見てきた時代から近年に至るまで、女性たちが求めてきたセクシュアリティの「解放」は実はヘテロセクシズムとしばしば重なり、「公」「私」の領域を覆す挑戦も、ジェンダー家族の枠組みに疑義を見いだしそれを解体していくような地点には至らなかった。それがいま、場合によってはフェミニズムを「保守」的に見せ新たな運動や視点との葛藤を生んでいるのだろう。しかし、だからこそ、この課題は、私たちに今後めざすべき方向を指し示しているのだ。

注

（1）例として、『婦女新聞』三〇五号（一九〇六年三月）在米本田増次郎報告／同、五三二号（一九一〇年七月）在英山脇春樹報告／『大阪毎日新聞』（一九一〇年七月四—五日）菊池幽芳「家庭思想の復活」（上下）／『東京朝日新聞』（一九一〇年八月一—三日）長谷川如是閑「女権拡張示威運動」（上中下）／『大阪毎日新聞』（一九一〇年七月三〇日—八月一六日）油谷生「女権運動」など。

（2）アン・アーディスによれば、一八八三年から一九〇〇年の間に、ニュー・ウーマンに関する小説が百冊以上書かれた。代表的な作品に、オリーブ・シュライナー（筆名ラルフ・アイアン）『アフリカ農場物語』（一八八三年）、ハーミニア・バートン『やってのけた女』（一八九五年）、ジョージ・エジャントン『キーノーツ』（一八九三年）・『ディスコーズ』（一八九四年）などがある（Ardis 1990: 4）。

（3）本名ルイズ・ド・ラメ。日本でよく知られている作品に、『フランダースの犬』（一八七二年）がある。

（4）キリスト教系女学校の一部はこれ以前に、アメリカのカレッジと同程度の高等教育水準の課程を開設し（一八八九年活水女学校〔長崎〕、一八九一年神戸英和女学校ほか）、一八八〇年代にすでに一〇数校を数えた。しかし、教育と宗教との分離を求める文部省の政策によってキリスト教主義の学校は不利な立場にあったことや、当時の女子教育の必要の認識の低さに加えて、国粋主義の台頭でこれらの高等科は低迷した（国立教育研究所編 1974: 614-615, 1104）。後述するように、韓国ではキリスト教系の女学校が「新女性」を生みだす胚胎になったことと比べ、興味深い。

（5）文学や著述がまず、女性にとっての職業的機会となるのは日本だけではないが、英米では、作家・著述家としてだけではなく、編集者・出版者としての職分にも女性が多く進出したという点で日本とは異なっていた。

イギリスでは十九世紀半ばにはすでに多くの女性雑誌があったけれども、それらは保守的で家庭重視であり、社主と編集はたいてい男性によるものだった。しかし、参政権運動はじめ女性の運動が興りはじめた一八六〇年代から、そこに変化が訪れ、編集も管理も女性によってなされ、フェミニストおよび活動家としての主義を掲げるものが現れた。エイレン・ショウォルターがそれらの雑誌の一つである『イングリッシュ・ウーマンズ・レビュー』の刊行者ベッシー・パークスを引用して、「出版物の発展とともに、教育を受けた女性が世の中の出来事に直接的な影響力をもつようになってきた。女性たちは、議会や教会では声を出せなかったが、一万人の読者が読む雑誌の頁で、自分たちの意見を声にすることができたのである」と述べているように、ジャーナリズムは世論を変える効果的な機会を女性たちに提供したのである（Showalter 1977 = 1993: 137-138）。

（6）なお、欧米でのニュー・ウーマン現象は、イギリスとアメリカのみに限定されたものではなかった。国際的文脈においてニュー・ウーマンの出現を比較検討したハイルマンとビータム（編）（Heilmann & Beetham eds. 2003）によると、ハンガリーで一九一〇年代に、ドイツではワイマール期に、そしてスペインでも世紀の転換期に、それぞれの社会的文脈のなかで同様の論議が登場している。これらの国々は、産業化と中産階級の成熟の程度においては英米の後塵にあり、そのような社会でニュー・ウーマンがどのように現象したかを検討するのは、日本の「新しい女」をより深く理解する上で重要だろう。

(7) ここで「韓国」として論じる対象は、十九世紀末から一九三〇年代の、一八九七年までは「朝鮮国」、以後一九一〇年の日本による併合までは「大韓帝国」、そして併合後は「朝鮮」と呼ばれた朝鮮半島地域全体であり、それは「朝鮮」「韓国」のどちらの名称で呼ぶことも可能であるが、本章では便宜上、「韓国」を使用する。

(8) 台湾の「新女性」に関しては、洪(2001)に詳しい。

(9) 本書第3章で論じるように、もちろん日本においても、女性の政治的権利や社会問題に取り組む女性たちの運動はこの頃にもそれ以前にも存在した。『青鞜』廃刊後には、らいてうも、市川房枝らとともに新婦人協会を結成して(一九二〇年)、政治運動にかかわることになる。ここでは「新しい女」現象に限定して論じていることを断っておく。

(10) 平塚(1971: 399)による。津田梅子が、一八八九(明治二二)年夏の再渡米でブリンモア女子大で学んだ、いわば本場のニュー・ウーマンの一人であることを考えれば皮肉なことではあるが、それだからこそ、アメリカのニュー・ウーマンとは違った意味合いをもって登場した「新しい女」たちに、津田は苦々しい思いを抱いたのかもしれない。

(11) 山下によれば、韓国における「新女性」研究は多くないが、そのなかでも、彼女たちの不幸な末路は、性的放蕩による自業自得である、というふうに否定的に評価されてきた(山下 2000: 216)。しかし韓国では、二〇〇一年より国家プロジェクトとして近現代史の見直しが進められており、フェミニスト的歴史研究の進展とあいまって、研究事情には変化も表れている。

(12) もちろん彼女たちがすぐに「受容」されたというわけではない。「新しい女」の流行が終わり、新婦人協会の設立など幅広い政治的活動を始めた時期になっても、らいてうをはじめとする「新しい女」といわれた女性たちへの非難は続いた。らいてうは、一九二〇(大正九)年三月に発足した新婦人協会の結成に向けてらいてうとともに準備を行っていた市川房枝が協力を求めた先々で「らいてうは不道徳な女で、社会的信用がゼロ」と厳しい言葉を浴びせられた、と書いている(平塚 1973: 100)。しかし、このすぐ後に、らいてう自身に対しては「遠慮があって」直接言わないために市川がそのような嫌な目にあうことになった、と続けている(同)ように、すでに充分一目置かれた存在でもあったのだ。

(13) 明治一五(一八八二)年の全国人口の族籍別構成(『大阪朝日新聞』明治一六年一二月六日)。有地(1976: 116)より引用。

(14) ナショナリズムと母性称揚の観念の結合は興味深い問題である。ここで述べたように、一九三〇年代の韓国においても日本においてもナショナリズムと母性の称揚は密接に結びついていた。しかし、同じくナショナリズムの高揚を見た日露戦争時には、ジャンヌ・ダルクや神功皇后など、戦争を率い戦いで男性をしのぐ活躍をしたヒロイン像が称揚されている(岡 1981: 153-154)。ところが日中戦争時にはこのような戦闘のヒロインは言及されず、母親としての再生産役割のみが強調され、「軍国の母」として女性が描かれていく(岡 1981: 157)。つまり、ナショナリズムと母性崇拝は直接に結びつくというよりも、近代的ジェンダーのある特定の編成を「つなぎ手」として必要とするといえるのではないだろうか。

(15) 日本でも女性同士の結びつきはあった。湯浅芳子と中条百合子、金子しげりと市川房枝などの結びつきは知られているし、吉屋信子と門馬千代のように終生の結びつきを全うしたカップルもあった。堀場は、門馬千代の「あの頃の男ときたらそりゃ威張って威張って。なんとしても、あの家父長抜きで暮らしたいと思ったのよ」の言葉を紹介して「家制度の外側に愛の解放区を作ろうとするのは必然のなりゆき」（堀場 1988: 108）と述べている。しかし、比較の観点から見ると、女同士の絆を求めた女性たち、あるいはそれが可能だった女性たちは日本ではわずかであり、男性との間で家父長的でない「愛の解放区」をつくることが多くのラディカルな女たちにとっての挑戦であった。『青鞜』におけるレズビアニズムについては、渡辺（1998）を参照。

（16）日本のウーマン・リブ運動において、もっともメディアの注目を浴びたのは「中ピ連」（「中絶禁止法に反対しピル解禁を要求する女性解放連合」）であったが、実際には、多種の草の根の小グループよりなる日本のリブ運動のなかで中ピ連はその一つにすぎず、むしろ他のグループとは運動の方法論や主張において異質の存在だったという（秋山 1993: 121-138）。

第2章　「良妻賢母」思想の表裏——近代日本の家庭文化とフェミニズム——

前章で見た「新しい女」が生まれた明治期後半から大正期は、近代的な国家体制が確立し法制度の整備が進む中で、女性に対する法的・経済的差別が制度化されていった時期でもあった。とりわけ明治民法は、家父長制的家族制度を国民の全体に適用し、家族内での女性の低い地位を固定的なものにした。明治三〇年代はじめには、この家族制度と結びついた、良妻賢母思想に基づく女子教育政策が開始されて、女性を妻・母の役割に閉じ込める性別役割分業が美化され強化されていく。それは以後、今日にも至る、家族とジェンダーの規範を強固につなぐ構造の原点でもあった。

こうした法や制度は、女性たちに抑圧的にはたらきそれゆえに「新しい女」たちのような、それに抗い自由や自立を得ようとする思想や運動を出現させた直接の因となったであろう。じっさい、平塚らいてうは、お茶の水高女以来自らの学校での経験に基づいた良妻賢母主義的教育への反発・不満をのちに繰り返し述べている(1)。また、前章で述べた通り、「新しい女」に反応した当時の知識人・教育者は、

「新しい女」は良妻賢母教育への敵対者、破壊者と批判し非難を重ねた。

このように、良妻賢母教育に代表される体制イデオロギーと、「新しい女」たちのような思想・運動とを、相反するものとしてとらえるのは妥当な解釈であるだろうが、しかし本章では、それとは若干異なる解釈をこころみてみたい。つまり、相反して見える両者が、むしろ同じ根をもってもいることを示しながら、明治後半から大正期にかけてつくられていく家族・家庭をめぐる文化全体の文脈のなかでどのような位置関係にあるのかを探っていくのが、ここでの目的である。

1　良妻賢母と「新しい女」の距離

良妻賢母思想の発生と展開

良妻賢母教育研究の先駆者である深谷昌志によれば、良妻賢母思想の端緒は一八九五（明治二八）年にさかのぼる。日清戦争の経験によるナショナリズムの高揚を一つの契機として、明治二八年頃から三〇年代にかけて国力増強のための「女学振興」の必要性が政界や教育界で論議されるようになり、そこで良妻賢母思想とそれに基づく教育政策が生まれた（深谷 1966＝1990: 139-140）。

深谷によれば、「良妻賢母」は、「ナショナリズムの台頭を背景に、儒教的なものを土台としながら、民衆の女性像からの規制を受けつつ、西欧の女性像を屈折して吸収した複合思想」であり、「『国体観念』に代表される体制イデオロギーの女子教育版であり、家族制度の『醇風美俗』、中等教育の『質実剛健』などと並んで、国体観念の重要な側面をになう概念」である（深谷 1966 = 1990: 11）。この点について小山静子は、深谷はじめこれまでの良妻賢母教育や女子教育史研究者が、戦前の女子教育を家族国家観や国体観念のイデオロギーとの関連においてもっぱら理解する認識枠組みをとってきたと批判し、近代国家において期待される女性像との共通点や連続性をもつ、欧米にも共有される近代の思想として良妻賢母思想をとらえるべきことを主張する（小山 1991: 1-7）。

このように、良妻賢母思想を「日本特殊的」と見るか否かは留保の余地があるが、家庭内に女性を位置づけ、良き妻・母としての役割を第一に求めるイデオロギーであるという点で良妻賢母思想を理解することには異論はないだろう。

一八九九（明治三二）年二月の高等女学校令は、良妻賢母思想を現実に女子教育政策に取り入れる契機であった。勅令として出されたこの法令により、高等女学校は男子にとっての中学校と同じく「高等普通教育」として位置づけられ、各県に少なくとも一校の高等女学校を設置することが規定された。この高等女学校令公布の二ヵ月後の明治三二年四月二二日、樺山資紀文部大臣は地方長官会議で次のような訓示を行った。

「第四　高等女学校に関する件……健全なる中等社会は独男子の教育を以て養成し得へきものにあらす賢母良妻を相俟ちて善く其家を齊へ始て社会の福利を増進することを得へし。……高等女学校の教育は其生徒をして他日中人以上の家に嫁し賢母良妻たらしむるの素養を為すに在り故に優美高尚の気風温良貞淑の資性を涵養すると倶に中人以上の生活に必須なる学術技芸を知得せしめんことを要す……」（文部省大臣官房総務課編 1969: 117）。

ここでは高等女学校の教育の使命が良妻賢母の育成にあることが明確にされている。すなわち良妻賢母思想は、女子中等教育の整備の当初から女子教育の骨格として存在したのである。

高等女学校令公布以後、高等女学校が三八県で設置され、一九〇三（明治三六）年末までに、公立を県立の代用とした長野・福岡を除き、すべての県に県立高女が置かれる（深谷 1966＝1990: 173）。こうしてすみやかに整備された高等女学校を中心に、良妻賢母思想は普及していくことになる。

「婦人問題」と「新しい女」・女性文化

公教育における良妻賢母思想が鮮明になると、後述するように家庭や教育に関する書物や雑誌、一般の雑誌・新聞でも女性に良妻賢母像を求め教化しようとする文献や記事が多く見られるようになるが、他方、明治三〇年代からは女性の権利や女性解放に関する情報や思想が登場してくる。

まず、第1章でも触れたように、欧米先進各国において十九世紀末から二十世紀はじめに盛んになった女性参政権運動に代表される、女性運動に関する情報が紹介され関心を呼んだ。また明治末年からは、J・S・ミル、エマ・ゴールドマンらの「婦人問題」に関する文献が訳出されたほか、堺利彦『婦人問題』（明治四〇年）、河田嗣郎『婦人問題』（明治四三年）などがあいついで発行された。

すでに詳述した通り、こうした時代背景のなかで、一九一〇年代前半、「新しい女」が新聞・雑誌での賑やかな論議の対象となった。『青鞜』や当時の新聞雑誌に取り上げられた「新しい女」たちをとりまく社会経済的状況は、英米の「新しい女」に比べると厳しいものではあったが、それはとりもなおさず、大正期を通じて続いていく変化の始まりであった。

南博は、大正文化の一項目として「女性文化」を挙げている。南によれば、「女性文化」とは、大正期に「女性が家庭の中に閉じ込められて一生を終わるのではなく、家庭以外の場所で職業生活をするようになり、また一部の女性が、学問やスポーツ、その他、いままで男性だけの世界と考えられていた場所にまで進出してきた」ことから生まれた。職業婦人という言葉が使われはじめ、この時期にできた職業紹介所を通じて女性が各方面の職場に進出してきたことにより、女性の経済的な役割は家庭経済の外にまで広がった。その社会的な影響は経済生活の面にはとどまらず政治的な意味さえもっていたし、さらに広い意味で、新しい「女性文化」と呼べる文化現象を生みだすことになった（南編 1965: 255-256）。『青鞜』の女性たちや「新しい女」と評された女性たちは、そうした大正の「女性文化」の先鞭であっただろう。

しかしそうした女性の社会・文化的な新しい動きは、肯定的に受け入れられたわけではなく、道徳を壊乱する良妻賢母思想への脅威だととらえられていた。第一次大戦を経た一九一八（大正七）年九月、臨時教育会議第二三回総会では女子教育の「改善」が審議された。その理由は、第一次大戦の衝撃や産業化の進展といった国際関係や社会経済構造全体の変化によって女子教育への要請が変化したことが最大因であろうが、大戦以前からの「婦人問題」への懸念もそこにははたらいていただろう。これについて会議は、「女子の教育に於ても第一に国体の観念を鞏固にし国民道徳の根抵を固くすると共に家庭の主婦として又母としてその責務を尽すに足るべき人格を養成するに努む」と一〇月に答申している（海後編 1960: 736）。

これを、家族国家観に立脚した良妻賢母教育理念が再び確認されそれに対応した教育体制が存在しつづけた（深谷 1966＝1990: 257）と評価するか、それとも、「婦徳」や「国体観念」などの言葉が頻出してはいるが「『良妻賢母』という枠組みに女性をはめながらも、女のもつ社会的可能性を引き出し、それを国家に吸収していこうとする試み」であって伝統的な女性観の復活・強化が必ずしもめざされていたわけではない（小山 1991: 191）と見るかは、先に触れた、良妻賢母主義思想の評価によって異なる。しかし、そのどちらの解釈をとるとしても、改正された高等女学校令（一九一九〔大正八〕年）の目的規程に「婦徳の涵養に留意すべきこと」の文言が付け加えられたことから見ても、女性をターゲットとした良妻賢母教育を通じて「不穏」にうつる新思想や風俗に対処していくことがめざされていたことがわかる。言い換えるなら、大正期のこの段階ですでに、家庭・家族が、国家が推進する道徳や風紀の担い手として位置づけられ、女性がその中心者として期待されていたといえるだろう。

2　家庭文化と女性

良妻賢母と「新しい女」の同じ根

これまで述べてきたように、『青鞜』や「新しい女」に象徴されるような、女性をめぐる、女性の手になる新しい表現や思潮、風俗が発生し展開していったことは、良妻賢母思想やそれに基づく教育体制のめざすところとは矛盾していた。良妻賢母思想に近代的性格を読み直した小山も、「女をめぐるあらゆる状況が流動化していくなかで、妻・母役割以外の生き方を求める女性にとっては、良妻賢母思想は桎梏・抑圧となっていく。それゆえ、これに対抗する思想として女性解放思想が形成されていった。そしてそれは良妻賢母思想の再編に少なからず影響を与えていくことになる」とこれら両者の関係を「対立」として述べている（小山 1991: 102-103）。

また南博も、「家庭文化から独立した女性文化の進出は、従来の良妻賢母を理想とする家族主義を否定するものとして、革新的な意味をおびてくる。女性文化の進歩的な側面は、この古い家族主義、家庭主義の否定というところに、重点がおかれるようになった」（南編 1965: 261）と、「女性文化」と良妻賢母思想が互いに否定的なものであったと見る。

しかし、両者は、はたしてそのような相反する位置関係にのみあるのだろうか。むしろ、これら双方には、共通する起源があるとはいえないだろうか。

というのは、第一には、良妻賢母思想は、女子中高等教育進展の基盤であり、それはまさに「新しい女」や「女性文化」を生みだしたものでもある。良妻賢母という教育目標が「女にとって両刃の剣」であって、女子教育の振興の論拠として使われ女子教育の普及を促したと同時に、教育内容を限定し、女の生き方を妻や母であることに限定させ、教育レベルを低度に押さえる機能を果たした（小山 1991: 49）ことは事実としても、女子中・高等教育を発展させた面は過小評価するわけにはいかない。

高等女学校令の後、それまで唯一の官立女子高等教育機関であった女子高等師範学校に加えて、一九〇一（明治三四）年に成瀬仁蔵が政財界の支持を受けて最初の女子専門学校日本女子大学校を創設し、同時期に女子英学塾・東京女医学校・女子美術学校などもあいついで設立されるなど、二十世紀初頭の数年間に日本の女子高等教育は本格的な発足を見た。これらの学校が女性たちにそれまで存在しなかった、活躍のための機会をつくる基盤になったのは確かである。

『青鞜』を見ても、五名の発起人のうち、らいてうおよび中野初子、保持研子、木内錠子は日本女子大学校出身、物集和子は跡見女学校出身であったし、社員の多くは、日本女子大学校の卒業生や女子高等師範、女子英学塾、加えて仏英和その他の女学校卒業生で占められていた（堀場 1988: 20-21）。また、「女性文化」の担い手となった都市の「職業婦人」たちも、多くは中・高等教育を受けた者たちであった。このようにみれば、「新しい女」や「女性文化」は、良妻賢母思想の「嫡出」ではないにしろ、少なくともそれが基づく教育体制がいわば「鬼子」として生みだしたものといえるだろう。良妻賢母思想や良妻賢母教育を批判することが可能であるためには、教育の裏づけを必要とするのである。

第二に、良妻賢母思想のバックボーンである女性を妻や母としての役割に閉じ込めようとする性別役割分業の強化と、『青鞜』や「新しい女」たちの主張にはどちらも、明治期後半から大正期における家族と女性の社会的意味づけの変化が共通して反映している。

新しい家族の姿

第二点を敷衍しよう。

「良妻賢母」の意味は、その語からいま想起されるイメージやニュアンスによってではなく、当時現れはじめていた新しい家族のなかでどのような意味づけをもっていたのかを知ることなしには正しく理解することはできない。良妻賢母とは、たしかに一方では、女性をよき母・妻という性役割に閉じ込める抑圧的な機能を果たしたのであるが、しかし他方では妻・母として女性の地位を高めるものでもあった。

その背後には、日本近代における家族のありようの変容があった。明治民法に規定された家父長制的家族制度のために、また国家主義的思潮の高まりのなかで家族国家観のイデオロギーが強化されたために、日本近代の家族についてはこれまで「抑圧」「反動」的側面がしばしば強調されてきた。しかし一方で明治三〇年代以降は、家父長的家族とは質の違った、新しいタイプの家族のあり方が模索されたのでもあり、それはまさに良妻賢母思想の展開と時を同じくしている。

牟田（1996: 第3、6章）で論じたように、明治二〇年頃から総合雑誌・評論誌で、「家庭」「ホーム」

というタームを用いて家庭の団欒や夫婦や親子の間の細やかな愛情を強調し「家庭」を理想の場として高く評価するディスクールが現れるようになる。

同じくこの頃には、婦人を対象として「家庭」をとくに主題とした諸々の雑誌が発刊されはじめた。徳富蘇峰による一八九二（明治二五）年の『家庭雑誌』の発刊（三一年まで）を皮切りに、『日本及家庭』（後継誌『家庭教育』『日本の家庭』）、『家庭』（家庭発行所、明治三四年）、堺利彦による『家庭雑誌』（明治三六―四二年）、羽仁吉一・羽仁もと子の『家庭之友』（明治三六年創刊、四一年に『婦人之友』と改題）などが続いた。また、同じくこの時期には、『女学雑誌』（明治一八―三七年）をはじめとする『女鑑』（明治二四―四一年）、『女学世界』（明治三四―大正一四年）、『婦人世界』（明治三九―昭和八年）などの女性向けの諸雑誌が発刊されたが、そこでも女性の趣味や関心事と並んで家庭問題が頻繁に取り上げられている。

新聞でも、『大阪毎日新聞』は一八九八（明治三一）年に他社に先がけて「家庭の栞」欄を創設し、『東京朝日新聞』では一九〇〇（明治三三）年ごろに家庭の教育問題に取り組みキャンペーンを進めた。また、『読賣新聞』は一九〇一年に知名人数十人に尋ねた家庭での教育方針を『家庭の教育』として編集・出版している。女性をとくに対象とした『婦女新聞』は、明治三三年の創刊当初より家庭論や家庭教育論を多数掲載している。

家庭教育論も明治二〇年代後半より盛んになった。上に挙げた雑誌もその一部は家庭教育論の範疇として見ることができるが、教育論、教育ジャーナリズムの領域に限定しても、家庭とそこで行われるべき教育についての議論が盛んになった。ルソー『児童教育論』(明治三〇年)などの外国の家庭教育論の翻訳・紹介も明治二〇年代半ばより始まり、明治三〇年代になってからは日本の教育学者・心理学者による家庭教育論も多く見られるようになった。

さらに、明治三〇年代から四〇年代はじめにかけては、「家庭」というコンセプトは、家庭小説と呼ばれる通俗的な読み物を通じてより下の階層へも普及・浸透した。いまも文学史上に残って記憶されているのは、『國民新聞』に一八九八(明治三一)年からその翌年にかけて連載された徳富蘆花の『不如帰』や尾崎紅葉の『金色夜叉』(『読賣新聞』明治三〇—三五年)くらいだが、これ以外にも菊池幽芳『己が罪』(『大阪毎日新聞』明治三一—三三年)、『乳姉妹』(『大阪毎日新聞』明治三六年)、村井弦斎『小猫』(『報知新聞』明治二四年)、『日出島』(『報知新聞』明治二九—三四年)、中村春雨『無花果』(『大阪毎日新聞』明治三四年)などが家庭小説の代表として挙げられる。これらの小説は光明小説とも呼ばれ、いずれも家庭問題を主題とし、金銭と愛情、嫁と姑の対立や夫婦愛、女性の献身と家庭の幸福などが描かれていた。ハッピーエンドにせよ悲劇に終わるにせよ、ストーリーの底流には、夫婦の相愛や家族の愛情が望ましい価値であり女性はそうした価値を実現するために努力・献身することで幸福が得られるというメッセージがあった(牟田 1996: 第6章)。

「家庭」の主役としての女性

こうして登場した「家庭」の新しさの重要な点は、そこでは女性が中心となり主役を果たすということである。

そもそも、産業化以前の、家業・生業と家族生活とが切り離されえない時代には、家政や子の教育は、家長たる男性が当然のこととして掌握すべき任務であった。むしろ、無学で劣る者とされる女性は、身分階層によっては、またとくに男児の教育においては、任せるに足りない存在だった。

じっさい、『家庭叢談』や『明六雑誌』、『近時評論』など明治初期の雑誌を見ると、一八七七（明治一〇）年前後はいずれも、論調は一様ではないが、男性を読者に想定した家政に関する具体的なアドバイスや多くの家内関連の記事を掲載している。

たとえば『家庭叢談』では、家計支出の倹約をすすめ（「世帯の事」明治九年、六号。「繁を省くは今の世帯の要事なるを論ず」明治一〇年、四七号）、家内使用人の用い方を教え（「頭数と仕事の釣合」明治九年、三号）、世間との付き合いの注意を与える（「交際の心得」明治九年、二六号）など、範囲は多岐にわたる。ところが明治期後半になると、先に挙げたように、女性向けの家庭雑誌が多く創刊される一方で、男性向けの総合誌・評論誌上では次第に家庭が論じられる機会が減少する。

『國民之友』では一八九八（明治三一）年より、『中央公論』では一九〇七（明治四〇）年以降、家庭や家族関係の記事が姿を消す。家庭欄を一八九四（明治二七）年に設けた『太陽』も一九〇二（明治三五）年にはそれを廃止し、評論・論説の主要頁で家庭や家族の問題を取り扱うことはなくなる。以降、総合評論誌で盛大に論じられるのは国家や世界の経済、外交・戦争といった「公」の事象であり、家内の事柄は誌面から完全に排除され、家庭や子どものことは女性向けという「棲み分け」が成立していく。

こうして家庭領域が女性の場として設定されることは、そこで「よき妻よき母」としての役割に女性が閉じ込められることを意味するのだが、しかし、同時にそれは、女性が家庭という「王国」の主人となるということでもある。当時の雑誌誌面では、性別分業に基づくパートナーシップが謳われ、主婦の役割と家庭は「一個の主婦となりて、ホームの楽園を管轄修理し、妻たり母たるの最も品位高き義務を遂げゆく」（若松賤子「主婦となりし女学生の経験」『太陽』〔家庭欄〕、明治二九年、四号）、「家庭は幾千年来日本婦人の戦場となせしところ也。家庭は是れ一国なり、之を修むるは一の政治なり、主婦諸君は即ち其の総理大臣なり。」（巌本善治「家庭は国家なり」『太陽』〔家庭欄〕、明治二九年、五号）と美化されていく。そして「主婦たる者が家庭の任務を完全に遂行し良人をして職業に精進し尽砕し向上せしめ年一年の進歩発達を期せざる可からず。……良人が其の仕事に進歩し……其の地位を進めるとは即ち一家の出世し主婦の出世するの謂い」（無署名「家庭に於ける主婦の任務」『六合雑誌』明治三八年、二九三号）と、夫の職業的成功による女性の地位の向上が示唆される。

つまり、「良妻賢母」であることは、儒教的反動的女性像への回帰である以上に、「家庭」という、女性と子どもを中核とする新しいタイプの小家族、すなわち本書でいうジェンダー家族の主役としての女性の新たな役割、望ましい役割を創造するものであった。

ジェンダー家族の「母」

以上に挙げたのは、おもに明治三〇年代から末年の雑誌等での「家庭」についてのディスクールであるが、その後、第一次世界大戦後の産業化の進展と東京・大阪などの都市への人口集中により、俸給生活者である新中間層が社会層をなしていくなかで「家庭」という新しい家族の観念は、現実のものとなっていく。

新中間層にとっての家族は、内的な質と構造の両面において、また、外的環境との関係において、新しい機能や役割を期待されていた。すなわち、官公吏や教員、会社員などよりなる新中間層は、子に継がせるべき家業なく、学校教育を媒介として地位が再生産されねばならないゆえに、母親には注意深い子育てをすることが要請される。また他の階層との差異化を図るためには、清浄で品位ある生活慣習や手間暇をかけた家事育児が求められたのである。

小山静子はこうした新しい家族形態のなかで、従来の伝統や方法によるものとは違う、新しい生活にふさわしい生活のあり方とそれに関する知識への欲求が生みだされ、雑誌や書物、そして教育といった媒体に新しい知識が求められたことを指摘している（小山 1999: 40-41）。つまり高等女学校や女子大学の良妻賢母教育は、それまでの女性たちがもたなかった知識を与えて、家庭の中心としての女性の新しい地位を確保することに貢献したのだ。

らいてうは、

「……（今日の女学校教育は）……良妻賢母主義という美名をかかげて一向平気で、姑や夫のお機嫌をとる奴隷道徳を説いたり、家計簿記のつけ方や、お台所のお仕事や、お産の準備や、その心得や、

お乳の呑ませ方などを教えたりしてます」（「現代の女学校教育に対する女学生としての不平」『婦人公論』大正五年七月）

と厳しく批判しているが、まさにこの言葉からは、家事や出産・育児の方法を学校教育のなかで新たに学ぶ、近代的な家族の中心者としての女性の姿がうかがえるのである。

「新しい女」には非難や嫌悪を隠さなかった、下田歌子のような保守的な良妻賢母イデオローグ、あるいは鳩山春子のようなより啓蒙的な立場から良妻賢母教育を支持した女性たちにとっても、「家庭の中心は女性」「主婦が家庭の中心人物」であらねばならないことは自明であり、彼女たちはそのためにこそ女性にとっての良妻賢母教育の必要性を説いたのである。そこでは、家庭領域に閉ざされているとしてもやはり女性の地位向上がめざされており、一方的に妻が夫や舅姑に従属したり子が親に仕えたりするのではない、相補的で協力しあう新しい夫婦関係・子を核とした愛情深い家族関係を女性が創造維持していくことが求められていたのだ。

こうした意味で、「個」としての女性のウェイトのおき方が異なりはするけれども、良妻賢母思想のめざす女性像と「新しい女」とは、女性を劣ったものとして扱ってきた社会や慣習を乗り越え女性の能力の開発と地位の向上をめざす点においては共通しているのだ。第1章で述べたように、『青鞜』の女性たちは良妻賢母思想には反発しながらも、望ましい家族関係や対等な結婚のあり方に強い関心を向けたが、それと良妻賢母思想の枠内で求められた家族関係とには、さほどの隔たりはない。

女性の自由や自立を希求する、しかし法的・政治的・経済的権利を剥奪された状況にある女性たちにとって、家族や個別の男性とのヘテロセクシュアルな関係は、自分のコントロールしうる可能性を感じさせる例外的な領域であっただろう。ラディカルな思想を抱きながらも、いやそれだからこそ、そこに女性たちの関心が集中されるのはきわめてわかりやすくもある。したがってそれは、良妻賢母となり家庭の幸福をつくりだすことに努めるという発想と対極というわけではない。「良妻賢母」と「新しい女」は、こうしてみると、ある意味では近似した、「同類」なのでもある。

近代において家族は、「公」の生産領域とは切り離された「私」的領域として人間と労働力の再生産を一手に引き受けるがゆえに、社会における確固たる地位を占め、また同時にジェンダー化されているがゆえに、女性の存在価値を高めた。「良妻賢母」と「新しい女」とはともに、近代の秩序の基盤をなす、ジェンダー家族を創始した「母」であったといえるのではないだろうか。

注

(1) らいてうは、たとえば自伝『元始、女性は太陽であった』で、当時の女子高等教育の方針が良妻賢母主義に支配されていたと批判し、「生まれでた『青鞜』の性格を一言で言うなら、それは婦人に対する封建的な思想への、文芸を通しての意識的、無意識的反抗といえます」と語っている(平塚 1971: 349-350)。

Ⅱ　女性の運動のアンビヴァレンス

第3章　フェミニズム運動再考——日本における二つの波をめぐって——

第Ⅰ部で、男女の二元論と公私の分離とが重ね合わされて、女性を鍵とするジェンダー家族が近代において成立してきた過程を、「新しい女」に注目しつつ見てきたが、近代はまた、フェミニズムの思想と運動を発祥させたのでもある。本章では、比較の観点からフェミニズム運動の歴史を再考し、それが現代のフェミニズム運動に示唆していることを探りたい。

1　フェミニズムの歴史の見直し

フェミニズムの歴史を多少なりとも知る者にとって、フェミニズムがこれまで二つの「波」を経験してきたことは、常識といっていい。

『フェミニズム歴史事典』（ボールズとホーヴェラー編）によると、「第一波フェミニズム」（First

Wave Feminism）とは、

「一九世紀と二〇世紀初頭に展開された女性の権利を求める世界的規模の運動。教育や既婚女性の法的権利や雇用の機会や選挙権に、要求の重点が置かれた。一九三〇年代末までには、女性の選挙権はほとんどの国で認められたし、平等の扱いを求める女性の権利も法的に定められた」（Boles & Hoeveler eds. 1996 = 2000: 106）。

そして「第二波フェミニズム」（Second Wave Feminism）は、

「一九六〇年代末に、アメリカ合衆国および西ヨーロッパにおける国際平和、人種的平等、ステューデント・パワー、社会主義政治の運動のなかで始まった、組織的女性の権利運動の世界的復活。第三世界のほとんどの地域でも、女性の権利問題をめぐって自主的グループが結成された。ウーマン・リブ団体は、いまでも主として西洋民主主義国のなかでのみ見ることができる」（Boles & Hoeveler eds. 1996 = 2000: 249）

とある。

リサ・タトル『フェミニズム事典』は、もう少し簡略に、しかし大意は同じく、「第一波」は「およそ一八六〇年から一九二〇年頃までの初期の女性運動をさす言葉で、一九六〇年代に台頭してきた『第二波』と区別するために用いられる」（Tuttle 1986＝1991: 128）とし、関連項目に「女性参政権運動（1）women's suffrage movement」を挙げて「第一波フェミニズムの中で最もよく知られている運動である」と記している（Tuttle 1986＝1991: 440）。同じく「第二波」は、「一九六〇年代に始まった現代の女性運動をさす語。一九二〇年頃までに衰退してしまったとされる第一波フェミニズムと区別するために使われる。女性解放運動の別名」（Tuttle 1986＝1991: 340）とある。

日本での理解ないしは紹介も、おおむね、上記の欧米での理解に沿ったものである。いくつかの例をあげると、「第一波」は「欧米に広がった法制度上の平等、近代的市民社会の理念にもとづく男性との平等を要求する」ものであった（伊田 1998: 191）。あるいは、「一九世紀中葉から二〇世紀初頭にかけて、ほぼ一世紀にわたって欧米諸国を席巻した運動」のことで（落合 1989: 198-199）、その初期こそ運動の目標は広範で多面であったが、「次第に婦人参政権に運動の焦点を絞」り、「参政権獲得とともに急速に沈静化していった」（落合 1989: 198）。

そして第二の波は、「一九六〇年代末から七〇年代初頭の、いわゆる『ウーマン・リブ』（米国ではウイメンズ・リブ、フランスではＭＬＦ）の衝撃によって始まった」（落合 1989: 198）もので、「安定した社会の繁栄のただなかから、目に見えず不満を蓄積していた主婦層の鬱屈を背景にして、まさにその女役割への異議申し立てとして」噴出した。そこでは「作られた『女らしさ』の拒否、反結婚・家族解体の主張、性の積極的肯定」（落合 1989: 198）などが主たるテーマとなった。そして「リブの最盛期はほどなく去ったが、それを継承したフェミニズムの第二の波は、決して平坦ではない道を試行錯誤しながら、今日まで歩み続けている」(落合 1989: 199)。あるいは、「一九六〇年代にアメリカ・ヨーロッパ、日本などの先進工業国に広がった、ウィメンズ・リベレーション、あるいはラディカル・フェミニズムと呼ばれる運動」(伊田 1998: 184-186) とされる。

しかしながら、このような「常識」は、いったん私たちの日本近代を具体的にあてはめて考えるならば、それほどすんなりと納得するわけにはいかなくなる。

そもそも、最初に挙げた『フェミニズム歴史事典』の「一九三〇年代末までには、女性の選挙権はほとんどの国で認められたし、平等の扱いを求める女性の権利も法的に定められた」という記述は日本には妥当しない(2)。

また周知の通り、戦前の日本は、基本的人権や男女平等の概念とは相容れない法制度と社会構造をもっていた。明治民法家族制度に見られるように、日本が近代国家体制を確立して後に、女性の低い地位がむしろ階層を越えて普遍化していった面さえあった(牟田 1996)。その理解が間違っていないとすれば、日本近代はフェミニズムの運動の「波」をどのように経てきたと考えればよいのだろうか。日本も、一九三〇年代の女性の選挙権獲得はならなかったとしても、その歴史をともに経験しているのだろうか? 日本にも、その二つの女性運動の波は打ち寄せたのだろうか?

残念ながらこの点で、これまでの研究は必ずしも明確ではない。もちろん、これまでの女性史・女性学の蓄積のなかで、日本の女性運動の歴史にかかわる研究は、多数とはいえないまでも、確実に積み重ねられている。「フェミニズム」「フェミニズム運動」をどう定義するのかは必ずしも容易ではなく、単純な合意もないけれども(3)、女性たちによって担われてきたさまざまな運動の歴史は徐々に掘り起こされてきている。しかし、これまでの研究は、運動や組織の個別・実証的な把握にもっぱらの関心がおかれ、それら日本の女性運動が、世界的なフェミニズムの運動・歴史のなかで理論的・実証的にどのように位置づけられるのかには、必ずしも関心が寄せられてこなかったように思われる。

他方、日本のフェミニズム研究では、上に述べたように、フェミニズムの歴史の二つの波は常識となっているほど、欧米のフェミニズムの潮流については知悉されているが、そのなかで日本のフェミニズム・女性運動がどのように位置づけられるのかは必ずしも自覚的に問われてはこなかった。第一波を「欧米に広がったもの」と説明し日本では存在しなかったかのような説明をするものは多いが、しかしその際も、七〇年代初頭の日本でのウーマン・リブ運動が自明のように「第二波」として示され、日本にも「第一波」があったことを前提としているようであったりする。

なかには、日本での文脈に自覚的な記述もあり、そこでは通常、本書第1・2章で詳述してきた『青鞜』を中心とした平塚らいてうら「新しい女」の活動、それに続く婦人参政権運動が日本のフェミニズム運動の第一波ととらえられる。たとえば、先の引用に続けて、落合恵美子は「日本でも明治末の『青鞜』発刊や大正デモクラシー期の婦人参政権運動などの一連の運動を、第一の波と考えていいだろう」（落合 1989: 198）と述べている。

たしかに、年代や婦人参政権の要求という運動の目標のパラレルなことを思えば、これを「第一波」

と見るのは自然であるように思われる。『青鞜』創刊号のらいてうの巻頭言「元始、女性は太陽であった……」の感動的なフレーズは、日本の女性運動の記念すべき宣言として記憶されており、『青鞜』発刊時のらいてうを「女性解放運動の第一走者」（堀場 1988: 4）とする評は、違和感なく受け止められる。

たしかに当時のメディアは、第1章で見た通り、こぞって彼女たちを取り上げていた。しかし、それは、欧米の第一波の運動と同じように「波」といえるほどの「うねり」、インパクトをもっていたのだろうか。それらはどのような意味で、存在感をもち社会に影響を与えたのだろうか。敗戦に至るまで日本では、女性の権利や地位が大きく改善されることはなかったという歴史的事実を踏まえれば、少なくとも欧米の「波」とは異なった様相がそこにはあったはずだが、しかしそのような点は必ずしも明らかにされてはいないまま、不問に付されてきたのではないだろうか。

そこで本章では、より広い文脈のなかで日本近代のフェミニズム運動がどのように位置づけられるのかを再考してみたい。安易に普遍的な歴史を仮定して日本近代の私たちの足下の歴史をそれにひとくくりにしたり「ブラックボックス」に入れたりするのではなく、私たちの歴史を「普遍」とされてきたもののなかにあらためてとらえ直すことは、日本の女性史にとってだけでなく、フェミニズムの「普遍」を再考するためにも必要なはずだ。とくに九〇年代以降、ポストモダン・フェミニズム理論が主張してきたように、女性の多様性・異なる立場性を重視することなしに安易に「私たち女性」とひとくくりに前提することは不可能であり、しかも女性への抑圧にほかならないという反省を踏まえるならば、それは必須のことであろう(4)。

2　日本近代の女性運動——第一波フェミニズム？

まず、日本近代の女性運動史を、これまでの女性史の蓄積と成果に拠りながら簡単に整理してみよう。

先に述べたように、平塚らいてうを中心とした『青鞜』（明治四四年九月—大正五年二月刊行）については、今日の研究も多々あり、研究者の世界以外でも言及されることも多い(5)。『青鞜』以降の女性運動のなかでも、『青鞜』の思想やそこにかかわった人々は、しばしば自らの正統的な出自として意識されていた。

たとえば『婦人戦線』（昭和五—六年）の創刊号巻頭で高群逸枝は、『青鞜』が日本での最初の女性の意識覚醒の現れであり、『婦人戦線』がその第二として続くと宣言している。さらに時代を下った「第二波」のウーマン・リブの『おんなエロス』（一九七三—八二年）も、そのマニフェストに、『青鞜』を受け継いでいくと述べている(6)。このような取り上げ方から見ると、『青鞜』とその同人たちは、日本のフェミニズム・女性運動の嚆矢、あるいは代表格と見なされているといっていいだろう。

しかし、事実としては、『青鞜』は、日本ではじめての「女性解放思想」、あるいは女性運動の旗手であるというわけではない。女性史研究の先達のひとりである外崎光広は、このような女性運動史の受け止められ方を批判して、

「わが国における婦人参政権論や廃娼運動は……、自由民権期から活発に論ぜられていたのに、それらはあたかも大正デモクラシー期が起点であるかのような論著にしばしば遭遇する。おそらくその原因は、……根本的には婦人論は大学の学科に組織されなかったため、法学などのように継承的・体系的研究体制が存在しなかったためにちがいない」(外崎 1989: 34)

と述べている。

実際のところ、明治一〇年代の自由民権運動の活発化した時期、すでに女権運動の曙が見られた。外崎によれば、明治初年からすでに男女同権論争があったけれども、「権利」「同権」の概念が曖昧だったために、男女同権論争も曖昧だった。しかし明治一〇年前後にはそれらの概念の共通認識が成立し、同権・女権に関する雑誌記事や翻訳書物の刊行が相次いだ(外崎 1986: 62-64)。また鈴木裕子は、「自由民権期の女権論は、近代日本の女性解放史にひときわ光彩を放つものである」と評する(鈴木 1996: 18)。

具体的な表れを見ると、一八七八(明治一一)年四月に開かれた第二回地方官会議に、広島県少書記官平山靖彦議員が婦人に府県会議員選挙の投票権を与えることを提案したのが、日本における婦人参政権の第一声だという(外崎 1986: 67)。女性による参政権要求の直接行動の始まりとしては、土佐の士族楠瀬喜多が、納税義務を果たしていながら女戸主にはなぜ区会議員選挙権が与えられないのかと、高知県庁に訴えたものがよく知られている（一八七八年九月。鈴木 1996: 24）。一八八二（明治一五）年には、公衆に向けた女性の演説や政治活動が登場する。その先頭となった岸田俊子は、「同胞姉妹に告ぐ」（『自由灯』明治一七年五―六月）で男尊女卑の批判を厳しく行い、各地での講演によって世評を賑わすとともに、福田英子らの後進を刺激した。

明治一〇年代末より始まる、社会改良論の論議のなかでも、婦人参政権は活発に論議された（外崎 1986: 117）。また、一八九〇（明治二三）年公布の集会及び政社法によって女性の政治参与の権利が奪われたことに対して、上述の福田・岸田たちは抵抗の声を挙げたし、一八八六（明治一九）年に設立されていた東京基督教婦人矯風会（一八九三年より日本基督教婦人矯風会）などの女性の団体も運動を行った。

さらに、社会主義の思潮と運動の日本への移入とともに、女性たちによる社会主義的女性論も登場した。外崎は、社会主義婦人論の登場によって、世紀の変わり目に、「女権論」から「婦人解放論」への転換が起こったとしている(7)。福田英子の発刊による『世界婦人』（明治四〇年一月―四二年七月）は、二年半にわたって社会主義の女性運動誌としての役割を果たした。福田は家制度を、女性を「奴隷」的境遇におくものとして批判すると同時に、女性の職業的・経済的自立を主張した。一九一六（大正五）年六月にはわが国最初の労働組合婦人部「友愛会婦人部」が設立され、同年八月一日にその機関誌『友愛婦人』が創刊されている（外崎 1989: 117）。

これらは『青鞜』以前にさかのぼる、あるいは同時期の女性の運動の系譜だが、『青鞜』のすぐ後にも、女性を主体とするさまざまな運動が存在した。

一九二一（大正一〇）年四月二四日には、山川菊栄、伊藤野枝、堺真柄ほか四二名のメンバーによって日本初の社会主義婦人団体「赤瀾会」が結成された。これは一九二二年になって三月八日の国際婦人デーをめざして「八日会」に発展し、その翌年には初の国際婦人デーの大衆集会をもつに至った（小山伊基子 1998: 231）。

また、らいてう自身、「社会に、政治につながるところの固い壁を打ち破るための、婦人の政治的、社会的な団体運動への衝動」（平塚 1971: 191）から、市川房枝・奥むめおとともに一九一九（大正八）年から「新婦人協会」の設立に向けて社会運動に乗り出した。「新婦人協会」は一九二二（大正一一）年一二月に解散するまでの三年あまりの活動のなかで、治安警察法第五条改正運動と花柳病男子結婚制限請願運動の二つの請願運動を行ったが、前者は、二二年三月に至り一部改正され、女性の政談集会会同、発起をなすことが可能となり、政治的権利獲得の第一歩となった。彼女たちの機関誌『女性同盟』は、一九二〇年一〇月から二二年一二月まで刊行され、その創刊号（大正九年一〇月）にらいてうは「社会改造に対する婦人の使命」を発表し、組織的な運動に乗り出す決意を述べている。

新婦人協会や矯風会によって着手された婦人参政権運動は、一九二三（大正一二）年二月に「婦人参政同盟」、二四年一二月に「婦人参政権獲得期成同盟」（翌四月に「婦選獲得同盟」と改称）という、婦選運動の大同団結組織を成立させるに至る。とくに後者は、女性の政治的権利として「婦選三権」すなわち参政権・結社権・公民権の獲得を、そしてまたそれのみを、正面きって掲げ、その目的に向かって運動を持続させた唯一の団体であった（鹿野 1998＝1979: 241）。

鹿野政直によれば、婦選運動は、一九三〇―三一（昭和五―六）年の時期には、最初の頃の請願運動から大衆運動へと発展し、一九三〇年一二月の第五九議会では、政府（浜口雄幸の民政党内閣）としてはじめて、市町村についてだけ女性の公民権を認めようとするいわゆる制限公民権法案と婦人結社権法案が提出されるほどになっていた。前者については、婦選運動側は反対の立場をとっていたし、また両法案ともに貴族院の反対で葬り去られたが、このような過程を経て、一九三一年末から予定されていた第六〇議会では、婦選問題の突破口が何らかのかたちでほとんど確実に開かるべき機会と予想されるまでに至っていた。ところが「満州事変」の勃発は、そのような見通しの方向を変えることになる（鹿野 1998＝1979: 242-243）。三一年暮れ、日本基督教婦人参政権協会・婦人参政同盟・婦選獲得同盟の三団体は、無産婦人同盟よりあらためて共同運動の提唱を受け、三二年、婦選団体連合委員会を組織した。続いて三二年五月二八日の婦選デーの日に、東京芝公園協調会館で四〇〇人弱を集めて開かれた第三回全日本婦選大会は、共同戦線のハイライトをなした（鹿野 1998＝1979: 245）。しかしながら結局、「満州事変」以降、情勢は婦選の実現にとって悪化するのみで、一九三〇年代の前半に、婦権三権の獲得という目標は遠くにしりぞいてしまうことになる（鹿野 1998＝1979: 246）。

以上、ごく簡単に戦前の女性の運動を顧みてきたが、こうした歴史のなかで『青鞜』や婦選運動は、日本の「第一波フェミニズム運動」だったといえるのだろうか。

当時のこれらの女性の運動の隆盛ぶりやインパクトを伝える記録はたしかにある。たとえば、婦選運動組織の大同団結が図られつつあった一九二四（大正一三）年三月一六日の『読賣新聞』は、当時の婦人参政権運動組織や運動のあり方を批判しながらも、

「最近我が国に於ける婦人解放運動は、一種の流行性を帯び、其勢ひは燎原を焼くが如く各種の婦人解放を目的とする団体は其数、十数に達し実に盛なりと云ふべきである。これを十二三年前平塚雷鳥女史を中心として組織された青鞜社が、世を挙げて非難嘲笑する間に起ち敢然として婦人解放の烽火を掲げ、孤塁を死守した時代に較ぶると隔世の感に堪へないものがある」（『読賣新聞』大正一三年三月一六日）

と伝えている。

「流行性」「勢いは燎原を焼く」などの表現は、当時の運動の盛り上がりを連想させる。しかし、国際紛争や戦争といった情勢が大きく影響したとしても、参政権という目標の獲得は実現されておらず、その結果と運動の力はまったく無関係とはいえないだろう。とはいえ、当時の日本の女性たちの運動が「波」と呼べるものであったかどうかは、欧米の第一波フェミニズム運動との比較のなかで相対的にしか見えてこないだろう。

3　第一波フェミニズム運動の現実

英米の場合

第一波フェミニズム運動を「比較」することは、しかし容易な作業ではない。というのは、定義上、第一波の運動とは、半世紀以上に及ぶ、また目標も経済的要求から教育の機会、政治的権利の獲得といった多様なものであり、しかも欧米の各国でもその歩みは一様ではありえない。そのいずれを比較のレファラントとして設定するかで考察の結果は違ってくるし、そもそもそうした長期間で多地域にわたる「運動」の全貌を知るのは困難でもある。

そこで本章では暫定的に、とくに参政権達成という点で力をもった英米の女性参政権運動を中心として、第一波フェミニズム運動をとらえることにしたい。

もちろん、参政権という特定の目標を掲げた運動だけがフェミニスト運動であったわけではない。しかも、女性参政権の実現が運動の強弱と比例するというわけでもない。オーストラリアやニュージーランドでは、欧米の主要国（宗主国イギリスでは一九二八年）よりも早い時期に女性に参政権が認められた（ニュージーランド一八九三年、サウス・オーストラリア一八九四年、他のオーストラリア地方一九〇八年）が、両国での女性参政権の実現は、女性たちの運動によるよりもむしろ植民地政策との関連で「与えられた」側面があった（Oldfield 1992）。

したがって、参政権という目標を獲得したかどうか、どれほどの早さで達成したかなどで、第一波の運動のもっていた力を直接にはかることはできない。

しかし、そうした「但し書き」をつけながらも、「第一波」の運動の中心が女性参政権運動であったことは事実であり、日本の女性の運動を、欧米の女性参政権運動に照らし合わせながら考察してみるのは、比較の現実的な第一歩であろう。

(i)イギリス

イギリスの場合、メアリ・ウルストンクラフトの『女性の権利の擁護』(一七九二年)に近代フェミニズムの成立が求められるが、第1章でも触れた通り、その前後から、女性の市民的権利と並んで、教育の平等や性的自立、婚姻における男女の平等、母性など多岐にわたる議論・論争がなされていた。それが、一八五〇年代から六〇年代に至ってはじめて、既婚女性の財産権、雇用、教育、そして参政権の要求を掲げて本部や機関誌をもち政治活動を行うという意味での「女性運動」が現れて、近代のフェミニズム運動は発祥する(Caine 1997: 12-13, 88)。

その一つとして、女性参政権運動は一八六五年に幕を開ける。この年、女性参政権を公約に掲げたJ・S・ミルが下院議員に当選し、マンチェスターでイギリス初の女性参政権協会が創設される。その後続いて、ロンドンをはじめとする各地に女性参政権協会がつくられ、女性参政権協会全国同盟の設立へと発展する(Showalter 1977＝1993: 378)

そして一八九〇年代と一九〇〇年代のはじめに、女性の権利はやっと社会の重要な論点として認識されることになり、女性参政権運動の一大高揚期を迎える。とくに一九〇七年以降は、戦闘的な運動と大衆デモの登場に伴って、フェミニスト組織は数と活動の活発さでもっとも隆盛することになる。

その一つの中心は、エマソン、クリスタベル母娘らのパンクハースト一家によって一九〇三年に組織されたWSPU（Women's Social and Political Union）だった。それまでの参政権運動が行ってきた議会への請願などの穏健なやり方に見切りをつけた彼女らは、かつてなかった「戦闘的」女性参政権運動を開始する。そのきっかけは、クリスタベル・パンクハーストを含む二名のWSPUのメンバーが議会に押しかけて議事を中断させ、議場から連れ出そうとする警官につばを吐いて逮捕され、一週間の投獄をされたことだった。この彼女たちのニュースは、全国紙に大きく取り上げられ、運動は一躍注目を浴びることになる（Caine 1997: 158）。

女性の主張や運動についていては、主要頁をさくことのなかった当時のメディアからの大々的な注目を得たことから、WSPUの戦術の方針は、これを機に過激なものになっていく。目立つ三色のたすきやのぼりをたてて、プラカードを掲げ、派手にページェントとしてデモ行進を行い、パンフレットをばらまくなどの合法的戦術のほか、のちには、議場に鎖で身体を縛りつける、教会や空き家に放火するなどの、さらに暴力的・非合法的な行動に出て、数多くの逮捕者、いわば運動への「殉教者」を出した。これらは全国的なメディアにカバーされ、さらに衆目を集めることになる。

パンクハースト母娘を中心に展開したこうした「戦闘的」女性参政権運動は、一八九〇年代のランカシャー地方の織物労働者による労働者階級の女性参政権運動に起源をもっていた。労働運動が女性労働者に非常に敵対的であったため、イギリスの女性労働者たちは、ＷＴＵＬ（Women's Trade Union League 一八七四年創設）などの女性自身の組織をつくった。社会主義へ傾倒していた中産階級女性たちの参政権運動はこの女性労働者たちの運動に結集し、労働者階級女性の参政権運動が生まれた。彼女たちは「屋外でのキャンペーン、工場正門での集会、街頭演説」という労働組合運動の戦略を借用した。この運動に、一九〇〇年以来クリスタベル・パンクハーストが加わり、労働運動の戦術を学んだパンクハースト一家によるＷＳＰＵの創設に至ったのである（DuBois 1998: 265-266）。

ＷＳＰＵの過激な運動の戦術は、女性参政権論者の間にさえ、賛同者よりも批判を多くまきおこし、ＷＳＰＵ自体は、組織として大きく成長することはなかった。しかし、反発をも含めて、彼女たちへの注目は、女性問題、女性参政権の問題に人々の関心を集めることになり、一八九七年に創設されていた穏健で保守的な女性参政権運動連合組織であるＮＵＷＳＳ（The National Union of Women's Suffrage Societies）はこの時期急成長を遂げることになった。一九〇七年から一九一〇年の間に、ＮＵＷＳＳの加盟組織数は四〇〇、全会員は五万人、収入は四倍と急成長し、運動のスタイルも、ＷＳＰＵの始めた、公衆の注視を集めることを意図した、集会や華やかな行進のスタイルを取り入れていった。一九〇七年にロンドンで行われたデモ行進は三〇〇〇人を集め、一大ページェントの様相を呈して、海外をも含めて大きく報道された（Caine 1997: 158-161）。

当時のマスメディアはこれらの新しい戦闘的フェミニストたちに、「サフレジェット」suffragettes の呼称を与えた。サフレジェットの運動は、当時ヨーロッパや北アメリカを席巻していた中産階級女性の「家庭性」domesticityへの圧力、すなわち女性を公的領域から私的な家庭領域に分離する文化的潮流に対抗し、女性を文字通り街頭に連れ出すものだった。公的領域から閉ざされた女性性への挑戦は、階級を問わず女性たちの共感を集めた（DuBois 1998: 267）。

イギリスのサフレジェットたちの運動は、大きな国際的な影響をもたらした。ＩＷＳＡ（International Woman Suffrage Association）は一八九九年から一九〇二年の間に創設されたが、ＷＳＰＵを排除していたにもかかわらず、一九〇六年コペンハーゲン、一九〇九年のロンドンでの集会では、海外の参加者たちは、大衆行進、市民的不服従、ハンストなどのさまざまな戦闘的戦術のデモンストレーションで迎えられ、戦闘的サフレジェットたちの運動の手法を各国にもち帰った（DuBois 1998: 268-269）。

(ii)アメリカ

アメリカの場合、奴隷制撤廃運動が直接の基盤となって、一八三〇年代から六〇年代に至る時期、女性の運動が発祥した。女性たちは、各州で女性による奴隷制反対協会を設立し、運動のための印刷物の発行、組織化、集会や会合の実行、資金集め、キャンペーンに手腕を発揮し、同時にそのなかで人権の擁護が女性たちにも適用されてしかるべきことを自覚していった（栗原 1993: 26-28）。

奴隷制撤廃運動のなかからフェミニスト運動がはっきりと芽生えるきっかけになったのは、一八四〇年、ロンドンにおける世界奴隷制反対会議でのことだった。アメリカから多くの女性たちが代表者として派遣されたにもかかわらず、招待者は男性のみと決定され、会議は女性の参加を拒否する決議を行った。これをきっかけに、女性たちは、自らの権利の獲得のために立ち上がり行動することになる。女性参政権運動をはじめとする本格的な女性運動は、この会議から生まれたといっても過言ではない（栗原 1993: 45-46）。

この八年後、一八四八年七月に参政権を含めた「女性の完全な市民権の獲得」を掲げてニューヨーク州のセネカ・フォールズでアメリカ合衆国史上はじめての女性会議がもたれ、財産権・発言および演説の自由、離婚の権利、職業選択の自由、教育の機会均等、婦人参政権などを求める宣言がエリザベス・スタントンによって発された。その後地方へも女性運動は波及していき、一八五〇年から一八六〇年にかけては五七年を除いて毎年全米女性会議が開催された。しかしこの時期は、イギリスと同様に、女性の政治的権利の要求の運動は低調で（DuBois 1998: 256）、組織的なバックグラウンドを女性運動がもっていたわけではなく、社会的な影響力も大きいとはいえなかった。しかも、参政権要求のように特定の政治的目的をもつものでもなく、参政権のほか教育や職業選択・雇用上の平等、財産権要求、結婚及び離婚の自由などを含む、幅広い要求がなされた（栗原 1993: 52-55）。

すなわち、南北戦争以前の女性運動は、女性が公的・市民的生活に全面的に参加することを要求し、ジェンダー化された「公」「私」の領域分離に挑戦していたわけだが、そのために女性たちの声は中産階級の世界秩序に敵対するものとされ、その結果激しい敵意をもって迎えられることになった（Evans 1989 = 1997: 170-171）。

しかし南北戦争と奴隷廃止運動・黒人の権利運動が、女性参政権への要求を刺激し（DuBois 1998: 256）、女性運動にはっきりとした指針を与えることになる（Evans 1989＝1997: 200）。五〇年代を経過して、女性たちは急進的奴隷制廃止運動のなかで、運動の組織化や支持者・使用言語を獲得していた（Evans 1989＝1997: 170）。一八六九年には、エリザベス・スタントンとスーザン・アンソニーは、女性参政権を他の要求と切り離して議論するための新しい全国組織NWSA（National Woman Suffrage Association）を設立した。女性運動が「女性による女性のための運動」として成立した一八六九年は、「新たなフェミニズムの誕生の年」であった（栗原 1993: 88-89）。

しかしなお、この女性たちの運動は、労働運動やアナキズム運動、社会主義運動に較べれば、体制内の穏健な運動にすぎず、現実の政治を動かす力や影響力をもつには至らなかった。一八九〇年、NWSAを発展させ女性参政権運動組織を統合したNAWSA（National American Woman Suffrage Association）が新たに発足したが、メンバーは当時合わせて一万人ほど（栗原 1993: 89, 116）にしか満たず、当時二〇万人の会員を擁していた全国キリスト教女性禁酒同盟に較べても、その力の弱さは歴然としていた。

しかし一九〇〇年以降、運動は新しいモデルと戦術を得て興隆することになる。アメリカの新しい世代の女性参政権論者であった、大卒で中産階級の女性たちは、上の世代の穏健な運動には飽き飽きしており、イギリスの戦闘的女性たちの戦術を取り入れた（DuBois 1998: 268-269）。エマソン・パンクハーストの来米を含めて、イギリスの運動との交流が行われる一方、当時豊かな大卒女性の間で習慣になっていたヨーロッパ旅行のなかで、多くのアメリカ女性がイギリスの運動に直接参加し、そこで戦略と戦術の組織化について新しい知見を得た（Evans 1989＝1997: 267-268）。

女性たちは集団をなして路面電車で市街を回り、駅ごとにスピーチを行い、群衆が集まれば自然発生的に青空集会を行った。街角で女が演説をするというスキャンダラスな光景に、好奇心に駆られた聴衆が押し寄せた（Evans 1989＝1997: 267）。一九一〇年以降ますます戦闘的になるイギリスの女性参政権運動のニュースは、アメリカの女性参政権論者をさらに刺激した。

こうしてアメリカの女性参政権運動は成長し、一九一三年三月三日のウッドロー・ウィルソン大統領の就任式前日の女性参政権パレードに際しては、ＮＡＷＳＡの活動家たちはワシントンＤＣに本部を置いて積極的なロビー活動と広報活動を開始した。彼女たちは二万五〇〇〇ドル以上を集め、当日五千人の女性のパレードは敵対的な群衆を押し分けてペンシルヴァニア通りを進み、衆目を独占した（Evans 1989＝1997: 269-270）。また同年、ニューヨーク市では、ハリエット・スタントン・ブラッチの指導のもとに、数万人の女性がデモを行った。この頃にはこのような大規模パレードは全米に広がっていた（DuBois 1998: 268-269）。

一九二〇年八月、女性の市民権を全面的に認めることを可能とする憲法修正一九条は三六州の批准を得て、合衆国憲法の一部になり、これによって七〇年にわたった闘いは終結したが、この間、一八四八年以来女性の選挙権の獲得に至るまで、州・連邦議会や党大会に向けての大規模キャンペーンが五〇〇回以上行われた。運動の中心者であったスーザン・アンソニーは、四〇年間にわたり各州を演説し、エリザベス・スタントンは、一年のうち八ヵ月にわたるメイン州からテキサスにまたがる講演旅行を一二年間続けた。またこの間、逮捕されたサフレジェットは二〇〇〇人余に上った（Ryan 1992: 9-11）。

日本の場合―幻の第一波

こうして英米の女性参政権運動を概略してみると、あらためてそれが「波」とたしかに表現することのできる「うねり」を見せたであろうことが想像できる。議会への請願やロビー活動、女性参政権をめぐる新聞や雑誌誌上での活発な議論等は言うまでもないが、数千人から数万にも及ぶ規模でのパレード、頻繁な街頭での行動など、階層・年代を問わず衆目を集めるイベントやできごとの連続は、女性参政権運動を確かな社会現象としたに違いない。そしてそれは、一過性のものではなく、参政権運動の高揚期を迎えて以後に限っても、十年以上にわたって運動を継続させ得る資源を有する組織力に裏づけられた点でも、まさに当時の参政権運動は、女性たちがはじめて経験する、満ち満ちる潮であり、波であった。

日本のフェミニストたちについて見ると、残念ながらこのような力を得るのは及びもつかないことであった。

第一波の旗手と見なされる『青鞜』は、そもそも政治運動というより、文芸による女性の才能の発掘を目して始まった。雑誌や書籍を発行するほか、講演会を開催し千人もの聴衆を集める（一九一三〔大正二〕年二月一五日。『読賣新聞』大正二年二月一六日。堀場 1988: 158）などの活動を行ったことを考えれば、存在感をうかがうことはできるが、『青鞜』は何らかの政治的目標を掲げその目標のために資源動員を行うという意味での「運動」ではなかった(8)。

この意味では、いくつもの女性組織が取り組んだ一九二〇年代からの婦人参政権運動が、日本の本格的な女性運動の開始であって、『青鞜』と当時の女性たちの活動はその先触れであったととらえられるだろう。前述のようにらいてうも、社会変革への思いを高じさせ、運動体の性格を鮮明にした「新婦人協会」を一九一九（大正八）年に設立し、その一翼を担っている。

先に引用した一九二四（大正一三）年三月一六日付の『読賣新聞』の記事に、「婦人解放運動」が「一種の流行性を帯び、其勢ひは燎原を焼くが如く各種の婦人解放を目的とする団体は其数、十数……」の表現があったように、たしかに、この当時の日本の女性運動は、一種の盛り上がりを見せている。

一九二三（大正一二）年九月二八日には関東大震災救援の必要を機に四三の女性団体の代表が矯風会を中心として集まり、東京連合婦人会が結成された。これは、宗教団体、社会事業団、同窓会、職業団体などの各種の既成女性団体が結集した連合会であるとともに、新婦人協会に批判的であった山川菊栄や堺真柄などの無産女性運動の活動家も参加しており、女性運動の統一戦線的な役割を果たした（石月 1996: 227; 鈴木 1996: 45）。続いて同年一一月三日には、この東京連合婦人会の政治部が中心となって、これまでの廃娼運動を発展させて公娼廃止期成同盟会が結成され、街頭でのパンフレットや宣伝ビラの配布、署名活動、講演会の開催などの活動を展開した。さらに政治部は、婦人参政権獲得期成同盟（一九二四年一二月結成）の母体ともなった（石月 1996: 227-228）。

婦人参政権獲得期成同盟は、総務理事に婦人矯風会の久布白落実、会務理事に市川房枝を擁し、多彩な創立委員で層の厚さと運動の広がりを期待された。これは二五年四月に婦選獲得同盟と改称し、以後、戦時体制のなかで解散する一九四〇年まで、名実ともに婦選運動の主流として市民的女性運動をリードする（鈴木 1996: 48）。

さらに、日本の婦人参政権運動は、欧米の女性運動に影響を受けるとともに現実につながりをもっており、この点でも第一波フェミニズム運動の世界的潮流と無縁ではなかった。第一次大戦を経て女性への参政権付与が欧米諸国の多くですでに実現していた一九二〇年のＩＷＳＡ大会には、日本から日本基督教婦人矯風会のガントレット恒子が参加した。また、一九二四（大正一三）年一二月六日付の婦人参政権獲得期成同盟の創立大会案内には、

「米国ワイオミング州に婦人参政権が認められてから五十五年、ニュー・ジーランドに男女同様の参政権が通過してから三十一年、今や世界を通じて婦人参政権を認めない国は寥々たるものであって、英、米、独、仏、丁、瑞、芬其他の各国に於ては、多数の婦人代議士が選出され、……これを我婦人の現状に比するとき、其政治的地位の差のあまりに大なるに驚ざるを得ません。」（鈴木編 1996: 732-733）

とある。そもそも運動の展開を見ても、一九二五年に男子普通選挙を実施することが決定されたことが、女性の選挙権をはじめとする政治的権利を要求する運動につながったことも、欧米の運動のケースと、パラレルだった。

しかし日本の婦人参政権運動は、運動の盛り上がりという点では、やはり欧米の「第一波」に比肩すべくもない。「大衆運動」に成長したと評価されている段階でも、集会は屋内で四〇〇人規模であった(鹿野 1998 = 1979: 注31)。これは、あくまで代表者会議の人数ではあるが、英米の女性参政権運動が生みだした「波」を思わせるものではないだろう。

また、運動を担う組織の基盤や継続性においても、大きな開きがある。英米の第一波フェミニズム運動には、奴隷制撤廃運動、宗教運動、労働運動という基盤があった。しかるに、日本近代では、『青鞜』においても、一九二〇年代以降の婦人参政権運動の時期にあってもそうした組織的基盤に欠けていた。そもそも女性の政治活動自体が非合法であったり、政治集会や街頭行動が「安寧秩序」を乱すものとして違法とされるような体制下では、運動が「波」「うねり」を起こすほどに成長する可能性は大きく閉ざされてしまう。この意味で、当時の日本のフェミニストたちには、英米の女性たちの「第一波」フェミニズム運動のカウンターパートたる条件がそもそも与えられていなかった。

4　メディア・イベントとしてのフェミニズム

メディアと女性運動

運動のもっていた資源や組織力、社会に与えることのできたインパクト、そして運動が実際に獲得できた成果などの点において、日本近代の女性運動・フェミニズム思想は、「第一波フェミニズム運動」

と呼ぶには、欧米のものとはだいぶかけ離れていることを見てきた。さらに、第二波フェミニズム運動の日本版として広く理解されている「ウーマン・リブ」運動も、世界的な第二波フェミニズム運動のうねりという点からみれば、第二波の一翼であったと単純に見なすわけにはいかない。

日本の場合、「ウーマン・リブ」運動は、七〇年に小規模な草の根の運動体の形態として始まり、ミニコミやパンフレットを発行し、集会や合宿が各地で行われたが、社会全体へのインパクトを与えるには至らず、アメリカのＮＯＷ（National Organization for Women）に見るような政治組織を生みださなかった。むしろ一九七五年の国際婦人年以降、行政による「女性問題」への取り組みが始まり、それを背景として「女性学」が講じられるようになってアカデミズムのなかでフェミニズム思想は発展していく。これを江原由美子は、「リブ運動が日本において世論の支持を必ずしも得られずに終わったという認識に立って、いわば諸外国の動向というものを正当性根拠として、フェミニズム論を再生しようとする試みであったと解釈することもできる」（江原 1990: 10）と述べている。

つまり、「第二波」にあたる時期にあっても、女性運動の盛り上がりは局地的なものにとどまり、社会を揺るがす「波」「うねり」に成長するには至らなかった。第一波だけでなく第二波も含めて、一般にフェミニズムの歴史で二つの運動の波と称されているようなものがそのまま日本にもあてはまると見るとすれば、それは妥当ではない。

しかし一方、フェミニズムを「運動」の点だけでとらえるのは決して正しくないし、「フェミニズム運動」を、特定の目標に向けた組織的な動員とのみ見なすのも間違っている。欧米の二つの波に比肩しうるものではなかったとしても、私たちの日本近代はたしかに「フェミニズム思想」をもっていたし、運動をもっていた。さらに、運動体の着実な組織的発展を見たり、「うねり」をまきおこすようなインパクトをもったりはできなかったとしても、それが全体としての運動の意味や、運動のもつメッセージの中長期にわたる影響力の低さをそのまま意味するわけではない。

逆に、運動の掲げるメッセージは、運動体の直接的な発信力の大きさとは別に、意図せざるものも含めて、多様な経路・形態で運ばれ、広がっていき、思想や運動とは一見関係のない人々の動向や社会の風潮も、運動のゆくえや展開の上で重要な意味をもってくる。じっさい、社会運動とは、そのようなアモルファスな形態と性格が、一つの大きな特徴なのである。

この点で、運動のなかでメディアが果たす意味は大きいが、とくに女性運動に関してはよりいっそう妥当する。ある意味で、フェミニズムとその運動とは、「メディア・イベント」でもあり得て、マスメディアを通じて多様なかたちで情報が広く拡散されることによって、運動を担う組織の現実の「力」とは別に、影響力やインパクトをもちうるのだ(9)。

マーシア・コーエンは、アメリカの第二波フェミニズム運動における「メディアというあの比較を絶した力のもつ比較を絶した役割」について次のように述べる。

「史上、こうした方法で世界中に広まった社会的運動はほかになかった。またこれほど多くの活動家が……港湾労働者や牧師や政治家としてではなく、ライターとジャーナリストとして……己の天職に精出した運動も他にはなかった。また、一つの大衆雑誌が一つの運動の武器として全面的に用いられた事例もなかった。また、これほど多くの書物と論説あるいは記事が一つの運動に捧げられたことはなかった……」(Cohen 1988 = 1996: 375)。

アメリカにおいても、女性解放運動は、運動体が直接に引き起こすことのできた現象・変化というわけではなかった。女性解放運動は少数派の運動であって、社会人類学者ライオネル・タイガーの言によれば「それは福音派の伝道運動のようなもので、人々を陶酔させる……彼らは、革命そのものより革命を論じている書物や記事を読むことを好んでいる」だけであったとコーエンは述べる（Cohen 1988 = 1996: 383)。つまり、

「フェミニズムの黄金時代は、実はマスメディアが演出したイベントであり、これは言うまでもなく女性運動の最大の失敗であった。とはいえ、それはまた運動の最大の強みでもあった」(Cohen 1988 = 1996: 384)。

『青鞜』と「新しい女」の意味

「メディア・イベント」であるというのは、規模や程度はもちろん同様ではないけれども、アメリカの第一波の運動にも、そして日本の運動にも、共通するところではないだろうか。

『青鞜』創刊時の、「新しい女」や「婦人問題」についてのメディアのカバーは、上に挙げたコーエンの「これほど多くの書物と論説あるいは記事が一つの運動に捧げられたことはなかった」の記述を彷彿とさせる。

前述のように、『青鞜』は、女性たちの刊行によるはじめての雑誌というわけではなかったし、「女権」を訴えたり女性への抑圧を告発するはじめての声というわけではなかった。しかし第1章で見たように、たしかに「新しい女」に関するメディアの注目には特筆すべきものがあった。女性対象の雑誌等に取り上げられたのみではなく、当時発行されていた有力な雑誌、主要新聞のすべてが、「新しい女」や「婦人問題」の特集記事を組み、『青鞜』や平塚らいてうら、そこに集う女性たちの主張や動向、ライフスタイルについて伝えたのである。とくに、らいてう、野枝、晶子らは、個別に特集を組まれるなど、きわめてクローズアップされており、彼女たちは「ドラマ化」された扱いを受けたといっていい。

第1章で論じた通り、これらの男性中心のメディアでは、少なくない記事が表層の、揶揄的な扱いであり、新たに萌芽してきた女性の動向や新思想を攻撃するバッシングというべきものも含まれていた。しかし、こうしたメディアによる情報の伝達は、女性の新しい思想の情報をネガティブな方向も含めて伝播させ、社会に言葉や概念が共有されていくことの原動力となった。

欧米でメディアが戦闘的運動に大いに反応し、「サフレジェット」の呼称を生みだし、揶揄的なものも含めて大いに報道していったこと、それを運動の側も運動の戦術として意識的に利用したことを先に述べた。『青鞜』や同時代の女性たちは、メディアの積極的・戦術的利用には至らなかったけれども、マスメディアを通じた情報の生産と拡散・伝播という意味では、明治末年からの数年の日本の女性たちの運動はこれと通じるものがあった。

日本の第二波においても、このことは同様に言える。江原は、ウーマン・リブ運動に対するマスコミの取り上げ方の主流は「からかい」や「嘲笑」に満ちたもので、それは単なる批判や嫌がらせにとどまらずネガティブな効果をもたらす「政治的」表現であったという重要な分析をしている（江原 1985: 172-194）。そのような「政治」の意味をいささかも軽視するわけにはいかないが、しかし、嘲笑やからかいも含めた、メディアの注目の総体が、運動の可視性を高め、浸透や影響の可能性を提供したという両義性も見落とすことができない。

運動とは何か、女性運動とは何か

そもそも社会運動とは何であるのかを考えたとき、組織体をなし、法や制度の改革目標を掲げ、圧力団体となってロビー活動や政治・社会への働きかけを通じて、その目標を達成しようとするものは、「社会運動」の多様な形態の一部にすぎない。

マッカーシーとゾルドは、「社会運動」を「社会構造のある要素および／あるいは社会の報酬配分を変えたいとする人々の間の意見や信念のセットである」と定義し、社会運動とは要するに、社会的変化を志向する選好の表れにすぎないと見る。伝統的社会運動研究では、選好と組織的行為の両者をともに含んできたが、マッカーシーらによれば、それは妥当ではなく、その両者を分けて考える必要がある。

社会運動はすべてが動員されることは決してなく、組織的行為の成否は必ずしも社会運動の選好の強度や拡散の度合に依存するものではないし、社会運動は典型的には複数の運動組織によって表現される。また、社会運動における運動組織には、組織の構成員や同調者、さらには傍観者や敵対者などのさまざまな立場が含まれる（McCarthy & Zald 1977: 1212-1214, 1217-1218）。

こうした分析視角を援用するならば、組織的行為という側面では広がりや強さに欠けていたとしても、明治末年から大正のはじめの日本近代の「新しい女」たちの挙げた声は、『青鞜』の巻頭言に力強く宣言されているように、日本社会のなかで彼女たちをとりまく、女性たちの力や才能の発露と成長とを押さえつけてきた仕組みや構造を変えようとする、社会的変化を志向する選好の表れにほかならない。

とりわけ、「女性運動」の主題である「女性」は、社会的地位や階層、おかれた状況など多様な立場の人々から成り、しかも、「女性」問題を扱う上での利害関係者は、はなはだ非特定的である。つまり、全体としての「獲得目標」の存在自体が確固たるものではありえないゆえに、社会運動の本来的性格ともいえる、不定型的でアモルファスなものになるのは宿命といってもいい。メディアにそれまでになく、そしてその後に較べものにならないような注目を集めた大正初年の女性たちの活動は、傍観者や敵対者も含めてさまざまな反応を引き起こし、必ずしも主張が受け入れられないとしても、少なくとも論点を広く知らせることができたという意味では、まさしく社会運動としての「成功」だったのだ。

5　「メディア・イベント」の積極的意味

フェミニズム運動とは、政治運動であるだけでなく、広義の文化運動でもある。思想の紹介、平等についての論議、組織的運動、流行・ファッション——これらの総合としての「運動」として、私たちはフェミニズム運動のアモルファスさを積極的にとらえる必要がある。

特定の権利の獲得運動や特定の領域への参入をめざすことに限られるのでなく、文化的潮流や思想、さらには風俗の変化をもたらすような「風潮」の紹介・導入も含めてあるのが「フェミニズム」だろう。そう考えるならば、日本近代の女性たちは、欧米での「第一波」の運動の正確な意味でのカウンターパートではなかったが、フェミニズムを牽引する役割を十分に担ったといえるのではないか。とくに、当時の運動をとりまく社会経済的条件を考えるなら、近代日本の「フェミニズム」のはらんでいた限界や弱体さだけでなく、意義がよりいっそう見えてくることは、第1章で見た通りである。

他方、私たちは、フェミニズムやフェミニズム運動の歴史を普遍的なものと見ることには慎重でなければならない。フェミニズム運動の「二つの波」は、多くの先進工業国が経験してきたものであり、私たちの社会もまったくの例外であるわけではない。しかし、私たちの社会は、欧米の女性たちが権利のために闘い獲得してきた運動の歴史を同じように経過しているのではないことの自覚と反省も必要だ。それはおそらく現代の私たちのフェミニズム運動のありようにもつながっている。フェミニズムの理論やアカデミックな達成では一定の、いやめざましいといっていいほどの展開を遂げ成果を挙げている一方、日本のフェミニストたちは組織的な力を十分にもつには至っていない。私たちは歴史の確認を通じて、いまいちど課題を確認せねばならないだろう。

さらにまた、フェミニズム運動の「二つの波」の歴史の普遍性にあまりにとらわれるとすれば、私たちは自身の歴史を見誤ることにもなりかねない。次章で詳しく見るように、日本の社会は、「二つの波」にあたる婦人参政権運動や「ウーマン・リブ」運動のほかにも、両大戦間の女性運動や一九五〇—六〇年代に「母親」「主婦」の運動として活発化した女性たちの運動を経験している。これらはフェミニズム運動とは見なせないとしても、私たちの社会がたしかに経験した女性たちの運動の隆盛であり、それはフェミニズムの観点からも大きな意味があるはずだ。私たちは、私たちの先達がたどり織り上げた歴史を、彼女たちをとりまいた固有の社会的文脈のなかでもう一度評価し直すことで、「フェミニズム」の意味をあらためて精錬していくことができるに違いない。

注

（1）女性の参政権を求める運動や思想は、日本では通常「婦人参政権運動」「婦選（運動）」と表現・表記されてきた。一方近年、「婦人」の語がもつ意味合いへの批判と反省から、「婦人」の語は公文書等でも「女性」に置き換えられている。この点から、『フェミニズム事典』での訳語は「女性参政権運動」が用いられていると思われる。本書は、同様の認識をもつものであるが、日本の歴史的文脈のなかでは「婦人参政権運動」「婦選」の語を用いる。

（2）言うまでもなく、一九三〇年代の時点でそうした女性の権利を認めていなかったのは日本だけではない。それなのに、「世界的規模の運動」「ほとんどの国」と、西欧に特殊な歴史をあたかも普遍的世界史であるかのように記述するところは、西欧中心主義のエスノセントリズムを感じさせる。近年のフェミニズムが、第二波フェミニズムが白人中産階級女性中心であったという反省を踏まえ、女性の多様性を強調するようになったことを考えるなら余計に、『フェミニズム歴史事典』のこの記述は不十分であるといわざるを得ない。

（3）女性によって担われるけれども、もともとはむしろ「上から」の、あるいは官製の運動であるものもある（十五年戦争中に組織された大日本国防婦人会などが典型的）。これらは、戦時体制への女性の動員を目して系統的に内務省・文部省・軍部の指導によって形成された。しかも概して、「婦徳の涵養」などをスローガンとし、女性をいわゆる良妻賢母役割に教化し母性の動員や管理をすることが目標の一つとされたという点でフェミニズム思想とは対極にある。

しかし、かかわった女性たちが一方的に官や軍の手先として都合よく使われるだけの存在だったと見るのも一面的にすぎる。「上から」の主導で始まったものであるとしても、関与するなかで女性がそれまでには経験しなかった社会的役割を主体的に果たすこととなり、女性のエンパワーメントにつながったという面も忘れることはできない。もちろん、それは女性たちが積極的に戦争協力を推進し、荷担したということでもあるのだが（鈴木 1986）。この点については第4章でさらに論ずる。

（4）比較研究のためにはもちろん、本章で扱うような各運動組織の主張やその報道などの質的な要素に加えて、組織の規模、動員の総数など数量的なデータを用いた研究が必要である。本章は、その予備的作業であることを断っておく。

（5）一九八九年七月の総選挙での女性議員の躍進に触れて社会党（当時）党首の土井たか子氏が「山が動いた」と表現したが、これが『青鞜』創刊号に与謝野晶子が寄せた巻頭詩からの引用であることは周知であった。

（6）『婦人戦線』『おんなエロス』の二種の雑誌を取り上げてのアナロジーは、ゲルマー（Germer 2000: 101-130）に示唆を受けている。

（7）「婦人解放」という言葉を意識して最初に使ったのは、堺利彦が一九〇五（明治三八）年四月二三日発行の週刊新聞『直言』第二巻二号に発表した「婦人問題概観」だと指摘されている（田中編 1975: 231）。

（8）この当時、『婦女新聞』の発行者であった福島四郎は、日本での「婦人問題」の論議がいかに表面的な現象にすぎないかを次のように書いている。

「婦人問題は、今や興味ある流行問題の随一となった。然り男子間の流行問題である。肝心の婦人の大多数は、何が婦人問題であるか、婦人問題の意義がどこにあるかを知らず、相変わらず料理と裁縫とに、一生懸命働いて居るにかかわらず、男子間には一大社会問題なりとして取り扱われ、差し迫りたる急要問題として論議せられて居る。……要するに今日の婦人問題なるものは、男子間の流行語に過ぎぬ。然らざれば、英国の婦人参政権運動を見て、日本婦人も今にあの様な騒ぎを持ち上ぐるかも知れぬとの恐怖より、眼前に幽霊を認めて大声疾呼しているに他ならぬ。滑稽千萬ではないか。」「男子問題」『婦女新聞』大正二年六月二七日号（福島 1935＝1984: 112-114）。

(9) 吉見俊哉は、メディア・イベントを、(1)企業としてのマスメディアによって企画演出されるイベント、(2)媒体としてのマスメディアによって大規模に報道されるイベント、(3)メディアによってイベント化された社会的事件、の三種に分けて定義している。(3)では、「もともとは偶発的とも見える事件が、メディアの演出術によってドラマ化され」、「メディアによって構成される現実」が現れる（吉見 1996: 3-5)。本章でフェミニズム運動をメディア・イベントと考えるのは、この第三の意味においてである。

第4章　女性と「権力」——戦争協力から民主化・平和へ——

本章では、一九三五（昭和一〇）年から五五（昭和三〇）年の、すなわち戦中と戦後を通じた、女性運動の検討をこころみる。その際、女性たちの運動が当時の社会状況下でどのようなものであったのかということだけでなく、それが現在の日本のフェミニズム運動や女性たちにとってどのような意味をもっているかをたえず考慮に入れつつ考察していく。

ここで直接の対象とする期間を過ぎてのち起こってきた七〇年代以降の第二波フェミニズム運動は、ある意味では一種のサブカルチャー、カウンターカルチャーとして登場した。しかしその後、より広範な文脈での社会・文化の変容とさまざまな女性たちの努力とによって、フェミニズム運動の提起した課題や目標は、政策・学問上など多岐にわたって浸透し、取り組みの制度化が進行してもいる。とくに最近は、男女共同参画社会基本法に見るように、いわゆる「女性政策」は行政にも組み込まれている。こうした現状のなかで、私たちは、女性と権力の関係はどのようなものでありうるのかという課題を切実に抱えているといってよいだろう。

戦中から戦後の女性の運動は、女性と権力、ナショナリズムとジェンダーの関係の困難さを私たちに教えてくれる。私たちがこの歴史から得られるものは何かを探るのが本章の目的である。

1 「福音」としての占領

占領軍の女性政策

一九三五―五五(昭和一〇―三〇)年という二〇年は、当時を生きていた日本人の誰にとっても、拠って立つ価値や関係の変容を余儀なくされた時期だっただろう。

多くの人々は、戦中に信じていた、あるいは信じ込まされていたものから手ひどい裏切りを受けた。しかしながら、敗戦がもたらしたものは、多くの者たちにとって「予想された最悪」とは異なっていたのではないか。

とくに女性たちにとって、敗戦後の占領下で相次いで進められたGHQの改革は、ある種の「福音」でもあっただろう。というのは、占領軍による施策によって、明治以来女性たちの運動がめざしてきたさまざまな課題や目標が、一挙に「与えられる」こととなったのだから(天野 1995: 213-215)。

連合国軍最高司令官マッカーサーの八月三〇日の日本上陸後、九月一五日に東京日比谷の第一生命相互ビルにGHQがおかれてから、日本民主化の指令が矢継ぎばやに発せられた。マッカーサー五大改革指令と呼ばれる、「日本の非軍事化と民主化」を目的とする諸改革であるが、そこにはまず「日本婦人の解放」が挙げられていた。すなわち、占領者からの指令の第一に、参政権の付与によって、「日本婦人は政治体の一員たることによって家庭の福祉に直接役立ち新しい政治概念を日本に招来するであろう」(『日本婦人問題資料集成　第二巻』所収)ことが、掲げられていたのだ。つまり、占領当初から女性たちには「民主主義の担い手」としての期待がかけられていたことになる。

占領軍の女性政策は、これをスタートとしてさまざまに続く。

一九四五(昭和二〇)年一二月一五日の衆議院議員選挙法改正による参政権の付与に先立ち、一一月二一日、ポツダム勅令により治安警察法が廃止され、集会及結社法以来禁じられてきた女性の政党加入禁止が解除された。四六年九月二七日には地方制度が改正され、都道府県・市区町村への政治参加が認められて、婦人公民権も実現した。四六年四月一〇日の戦後最初の総選挙では、女性の投票率は六七・〇%で、三九名という多くの女性議員が誕生した。しばらく後の四九年四月の第一回統一地方選では、七九四名の女性議員と五名の女性町村長が当選し、日本の女性の政治参加の画期的な一ページが開かれたのだった。

四六年一一月三日に公布された戦後改革の骨格をなす新憲法では、基本的人権のもとでの男女平等が保障され、配偶者選択の自由、財産権・相続権、参政権といった、従来には認められなかった権利が女性たちに認められた。

教育面においても、女性への権利付与は速やかだった。政府は、マッカーサーの教育改革指令に基づいて、四五年一二月四日、「女子教育刷新要項」を発表し、男女の教育の平等と女子への高等教育機関の開放を決めた。ついで四六年五月には「新教育指針」で「民主日本の建設」のための女子教育の革新と向上を謳った。これを基調として、教育基本法と学校教育法が制定され、男女の教育の平等が保障され、男女共学制がスタートした。各大学が徐々に女性に門戸を開放、あるいは拡大するとともに、東京女子医学専門学校、日本女子大学校、東京女子大学、津田塾専門学校などが相次いで大学昇格し、女性の高等教育が本格的に始動した。

多くの女性たちにもっとも身近である家族についても、改革が行われた。家庭生活での男女平等を明記した日本国憲法により、一八九八（明治三一）年制定の民法で定められた家族制度は見直しが必至となった。四七年一二月二七日公布、四八年一月一日施行された改正民法は、民法第一編総則中第一条の二（解釈の基準）に、「本法は個人の尊厳と両性の本質的平等とを旨として之を解釈すべし」と加え、家、戸主、家督相続、親族会等を廃止し、結婚及び離婚の自由と平等、財産均分相続、配偶者相続権等を確認、扶養義務等の変更を行い、法的に家族制度の根底を覆した。妻の無能力者扱いの解除、姓の選択の自由、親権の平等、相続の権利、結婚・離婚の自由の保障など、改正民法は家庭における女性の解放を具体化する基盤となるものだった。

公娼廃止への動きもすばやかった。四六年一月二一日には、日本帝国政府宛に「日本における公娼廃止に関する連合国軍最高司令官覚書」が出された。占領軍は、公娼はデモクラシーの理想に反し、個人の自由に相反するものであるとし、公娼制度の廃止を求めた。

運動家からの働きかけ

これら多岐にわたる改革のすべてが、占領軍の指令や命令によってはじめて現れたものであったのではない。詳しくは後述するが、その背後には、戦前からの運動を担ってきた女性たちの運動の蓄積と、あわせて彼女たちによる占領軍への働きかけがあった（西編 1985: 23）。

たとえば参政権について見ると、敗戦から早くも一〇日目に、市川房枝、久布白落実、山高しげり、赤松常子らにより「戦後対策婦人委員会」が組織された。同委員会は、敗戦・占領軍の進駐によって起こることが予想される種々の「婦人問題」への対処を目的としたが、その政治部では、婦人参政権の要求をいち早く政府・政党に対して行っている。占領政策が婦人参政権の実施を含んでいることは明らかであったが、市川らは、その前に日本政府によって解決がなされることを求めて、戦後早々、東久邇内閣に申し入れたのだった。東久邇内閣はこの申し入れに消極的だったが、代わった幣原内閣の一〇月一〇日の初閣議で堀切善次郎内務大臣が婦人参政権付与を提案、全閣僚の賛成で決定された（市川 1994: 47-49）。そして翌一一日、幣原がマッカーサーを訪問、そこで五大改革を指示されるという経緯があったのだ。

また、公娼制廃止に先立って、四六年一月一五日、長年廃娼運動を続けてきた日本基督教婦人矯風会、廓清会、国民純潔協会、日本キリスト教復興生活委員会は連名で、「娼妓取締規則」即時廃止と公娼制度の全廃を内務大臣に請願していた。

他方、それまで政治や女性運動に無関係であった一般の女性たちにとっても、それらの諸改革は直接のかかわりがあった。たしかに一面では、女性の選挙権について、「選挙権の配給よりもさつまいもの配給がほしい」と述べた新聞の投書のように、日本社会の「底辺」では、「民主化政策は、なかば戸惑いと混乱のなかで受け止められていた」（高畠 1995: 6）としても、しかし、たとえば四七年に行われた『毎日新聞』による家族制度廃止に関する世論調査を見ても明らかなように、家族制度廃止の賛成論は女性を中心に圧倒的であった。

すなわち、占領軍による戦後の民主化政策は、おしなべて民衆の生活に直接に波及するものだったのであり、とくに女性たちの支持は高かった。先に挙げた、第一回選挙での女性の高い投票率にもそれは現れているだろう。とくに女性運動を担ってきた人々にとっては、戦後の改革のなかで、名実ともに運動の基盤が整ったことも、大いなる獲得であった。

もちろん、敗戦国国民としての悔しさは、そうした改革を求めていた女性運動の担い手の側にも大いにあった。市川房枝は、日本の無条件降伏の直前、開墾中の畑で米軍の爆撃機が撒いたチラシを読んだときの記憶を日記に綴っている。チラシには、連合軍の日本本土占領、日本軍の完全武装解除、戦犯の処罰などとともに、民主主義の確立と「言論・宗教・思想の自由並に基本的人権の尊重」が書かれてあった。これに市川は、「これは私どもがかねてから主張、努力してきたことで、朗報であるはずだが、このときには戦争に負けるのがいやで、この項に眼がとまらなかった」と書いている（市川 1974: 613）。しかしそれにもかかわらず、女性たちは敗戦を奇貨とした。

もちろんそれは、必ずしも女性だけに限られたわけではない。ジョン・ダワーは、『敗北を抱きしめて』の書名の通り、戦争に敗れたにもかかわらずその敗北を「抱きしめた」embrace、戦後日本の民衆を描いている。たしかに奇妙なことだが、あたかも解放された植民地民衆のように、日本人たちは少なからぬ「解放」感を味わった。それは少なくとも日本の女性たちにとってはそうであった。

さらに女性たちは現実的に見て、占領軍の「同盟」者でもあるかのようだった。一九四六年三月には、GHQ民間情報局ウィード中尉の「日本婦人はどうして戦争に協力したか」の問いがきっかけとなって、宮本百合子、松岡洋子、加藤静枝、羽仁説子、佐多稲子らが中心となって設立した「婦人民主クラブ」は、「民主婦人大会」と銘打って創立集会をもった。「成立宣言」では、「新しい日本が始まろうとしています。……重い封建の石を私たちの肩からふりすて、日本の明るい民主社会を招来させ、もう二度と戦争のない、生活の安定と向上との約束された未来をわたしたちのものとしましょう」と彼女たちは高らかに宣言した（伊藤 1974: 61-62）。

またある女性雑誌は、同じく四六年三月、民主的な平和国家の建設を謳ったポツダム宣言の理想を強く支持し、日本が武器を捨てた瞬間から、女性は「すべてのものから」解放されたのだと叫び、社会のあらゆる非合理を追放すべきだと主張した（『新椿』。福島 1985: 202-203 からの再引用）。

四八年、婦人参政権行使二周年の日、マッカーサーは、「婦人へのメッセージ」を送った。そこには、解放された婦人が平和日本の再建に指導的役割を果たすことを期待すると述べられ、同四月、占領軍民政局の指導下に、山高しげりを委員長とする東京都地域婦人団体協議会が結成された。七月には関東軍政部が関東各県の代表者を集めて婦人指導者講習会を開き、選挙や議事運営のノウハウを教えた。占領軍と政府・地方自治体が一体となっての婦人団体育成策は全国的な動きで、レクリエーション、人を集めるための英語の歌まで教えて進められた。四八年六月には、占領軍の助言で発足したPTAの第一回全国協議会が開かれた（伊藤 1974: 73）。

占領軍は、「民主化」「平和国家建設」の鍵として女性に期待し、日本国内の保守派を押し切って憲法や民法の画期的な改正を行い、女性運動家や指導者たちはその期待に応え積極的な活動を展開する。こうして占領者・勝者と敗者とが利害を一致させ、いかにもすばやく協力関係を結ぶのは、一見奇妙なことのようにも思われる。しかし、敗者のうちでも、もともと権力から疎外され周縁にあった女性たちが、勝者と「同盟」関係を結ぶのは、ナショナリズムとジェンダーの交差するところに生じてくる普遍的な現象であるかもしれない。

2 女性の戦争協力

女性運動家の戦争責任

占領と「解放」のこうした関係が、女性を「平和と民主主義の担い手」とするイメージの形成に貢献したのは間違いないだろう。しかし、その背後にはもう少し複雑なプロセスが存在する。

まず、戦中期にあって女性運動家たちは、戦争遂行の協力者でもあった。これは近年、鈴木裕子ら女性史家によって明らかにされてきたところだ。

鈴木は、「日本人は、自分が戦争で受けた身近かな被害体験はよく語るが、自分たちが戦争でおかした罪や過ちについてはあまりに語らなさすぎたのではなかろうか」（鈴木 1986: 3-4）という問題意識から、市川房枝や平塚らいてう、山高（金子）しげり、高良とみ、羽仁説子ら、女性運動家や革新的な婦人指導者といわれてきた女性たちの「戦争協力」にメスを入れる。

大政翼賛会が四〇年一〇月に創立されたとき附置された「中央協力会議」は、国民家族会議あるいは国民総常会とも呼ばれ、「日本民族の伝統に基づく家族国家特有の会議体」であるとされた。四〇年一二月にその最初の臨時会議がもたれて以来、最後の第五回まで会議は計七回開催されたが、いずれも一名ないし複数の女性代表が参加しており、そこには、高良とみや木内キョウ、桐淵とよ、羽仁説子、山高しげり、奥むめおらの著名な運動家たちはじめ、地方の大日本婦人会から選出された女性たち、教員出身者など多数の女性たちが含まれていた。衆貴両院はもとより、府県会、町村会などの地方議会にも政治参加が許されていなかったのに、議会でないとはいえ、「国民の総常会」「国民組織の確立、大政翼賛運動の徹底等に資する機関」である協力会議（鈴木 1986: 26）で女性の代表たちが活躍していたのだ。

それら女性運動家たちは、一般の女性たちを総動員体制へ取り込んでいく先鋒の役割を果たす。たとえば高良とみは、生活合理化運動の唱道者であったが、三八年六月、国民精神総動員中央連盟の非常時国民生活様式改善委員会の委員に就任した。「贅沢と無駄」をなくす生活の合理化、科学化に力を注ぎ活動を続けてきた高良は、「ゼイタクは敵だ」と一般の女性たちを戦時動員に駆り立てる「ゼイタク狩りの尖兵の役割を負わされる」（鈴木 1986: 53）ことになる。総動員体制に「翼賛」し、「日本の婦人として」「祖国の御恩に報いよう」と婦人大衆に呼びかけた高良の戦争責任を鈴木は鋭く問う（鈴木 1986: 74）。

市川房枝は、新婦人協会、婦選獲得同盟を基盤として、市民的女性運動の土壌をつくった、戦前戦後を通じての女性運動の第一人者であるが、彼女もまた「国策婦人委員」として政府の行政および外部団体への女性の参加を推進し、戦争に荷担する道を歩んだ。日中戦争の端緒となった「満州事変」の頃は、軍事的占領を続ける日本軍を「遺憾に思う」「婦人は国境の区別なく平和の愛好者である」（『婦選』一九三一年一一月号）と書いた市川であったが、戦況の激しくなる「シナ事変」の頃には、「事変の発生を悲しみ、拡大の程度が案ぜられてならない」と記しながらも、「国家としてかつてなき非常時局の突破に対し、婦人がその実力を発揮し……」と、出征軍人の家族援護や、出征により不足する労働力の女性による補充、労働強化を訴えて（『女性同盟』昭和一二年九月号）、国民精神総動員運動への協力を惜しまなかった。戦後、三年七ヵ月の公職追放を受けた事実は、市川が総動員体制にどれほど組み込まれていたかを物語っていよう。

国防婦人会など官製の女性団体の戦争協力についてはあらためて論ずるまでもなかろうが、こうした市川房枝ら、戦後も指導的役割を果たしつづけた市民運動家たちの戦争協力についてはたしかに見逃されてきた面がある。女性に限った話ではないが、これまでの日本人にとって、被害者・犠牲者としての自己像が戦争への荷担、抑圧者としての自己批判を忘れさせてきたという鈴木の批判は、正鵠を射ていよう。とりわけ、後述の「慰安婦」問題などを考えるとき、とくに女性運動の担い手たちには、現在にも続く大きな責任があると考えざるを得ないだろう。

女性運動家への批判をめぐって

鈴木のこうした批判には、反論や反批判もある。南京虐殺はなかった、慰安婦たちは自由意志で売春をしたにすぎないと、当事者の証言すら無視し、歴史の真摯な反省を無化しようとする自称「自由主義史観」に立つ「新しい歴史教科書をつくる会」等に集まる人々の議論にはここでは立ち入らないが、これまでの歴史観に厳しい反省を突きつけようとする、ある意味では鈴木と立場を同じくするフェミニストからも批判が出されている。

鈴木らの仕事を、「反省的女性史」と呼んだ上野は、鈴木らが「女性運動家たちの誤ち」と批判する天皇や国家への礼賛と同一化について、「国家の限界と天皇制の悪は歴史によって事後的にのみ宣告されたもので、そのただなかに生きている個人がその『歴史的限界』を乗り越えられなかった、とするのは不当な『断罪』ではなかろうか」と疑問を呈し、鈴木らの「いわば歴史の真空地帯に足場をおくような超越的な判断基準」を批判する（上野 1996: 22-23）。

さらに鈴木が、同時代を生きながら戦争協力に陥ることなかった者たちとして、コミュニスト、キリスト教徒らや長谷川テルを挙げ、戦争協力した女性運動家たちに選択の余地がなかったわけではないことを指摘しているのに対しても、上野は、もう一つの権威に従順であったにすぎないのではないか、事後的に「良い戦争」「悪い戦争」を区別する二重基準がそこにあるのではないかと批判する（上野 1996: 23）。また、それら女性運動家の戦前における平和運動のための努力の実績など、批判の陰に見過ごされている事実も少なくない（一番ヶ瀬 2002）。

本章は、こうした議論のどちらに与しようというわけではないが、戦時期の女性運動家たちの思想や行動はたしかにいまだ十分な検証を経ていないという点で、鈴木の問題提起と業績は重要なものだと考える。鈴木が行っているのは、「事後的な判断基準で彼女ら婦人運動家たちを裁く」というよりも、隠されてきた、見逃されてきた歴史の事実を、現在の視点を生かして発掘し光を当てることであろう。発掘された事実について、現在の基準でのみ批判を加えそれで事足れりとするとすれば、それは上野の提起するような批判にさらされねばならないだろうが、しかしむしろ両者のこの議論は、さらに生産的な研究の方向を示唆してくれているように思われる。

それは、戦間期の女性たちの活動を、再検討、あるいは再「評価」してみることである。彼女たちの働きが、「ナショナリズムにからめ取られていた」、結局戦争協力だったから無意味であり、批判的に論じられるのでなければ看過されるべきこととして取り扱ったり無視したりするのでは、私たちは日本の女性運動の歴史の重要な部分を見失ってしまうことになる。上野が指摘するように、「歴史の限界」のなかにあったことを認めつつ、その限界のなかで彼女たちがなしたことにいま一度の注目があってよいのではないだろうか。

彼女たちはどのように権力に接近し、統治機構のなかでどのような役割を果たしえたのか、権力への接近が女性の運動体や組織にどのような影響を与えたのか。そうしたダイナミズムに着目することは、今日のフェミニズム運動にとっても重要な視点を提供してくれるはずだ。もし彼女たちの活動が、結局は「悪い」戦争への荷担であったから評価の対象とならない、国家の枠組みを一歩も脱することがなかったからフェミニスト的ではなかったと判断するとしたら、それは「女性＝平和主義」という図式を無反省に受け入れ、ジェンダー・ステレオタイプをそのままに強化することになってしまうだろう。

それにじっさい、一時公職追放になった市川も含め、戦前の女性運動家たちの多くは、戦後も運動のリーダー・主役として活躍を続けたのだ。彼女たちにとって、彼女たちが牽引した女性の運動にとって、彼女たちの戦争協力はどのような意味があったのかを十分考えることなしには、なぜ戦後、「民主主義と平和の担い手」へと転換することが可能になったのかは、不明のままとなってしまうだろう。

それを解明することは、その後に続いた女性運動の展開を踏まえて、まさに「事後的な」視点から見るからこそなしうることだ。本章で示唆したいのはそのようなアプローチの必要性である。

3　ロジックの継続――性役割と家庭・家族の強調

婦選運動の言説

女性の運動が敗戦を境として、戦前と戦後に断絶するかのような歴史観をそのまま受け入れるわけにはいかない理由の二つめは、前者が戦争の遂行への協力のため、後者が「民主国家建設」のため、という、一見正反対にみえる目的を掲げながら、そこに流れていたロジックは、実は驚くほど似通っていた、いやむしろ同一ですらあったのではないかと考えるからである。そのロジックの根本には、家庭の中心者である妻・母としての女性の性役割があった。

十五年戦争中には、「報国」のため兵士として国に奉仕する男児を産み育てる母として、男の留守を守り国家に尽くす「銃後の守り」としての役割が女性には期待された。それは、戦中の女性運動家たちの言説にもはっきりと読みとれることだ。

婦選運動の場合をとってみよう。西川祐子は、女性の参政権獲得をめざした一九三〇（昭和五）年から一九三七（昭和一二）年の全日本婦選大会と一九三八年の時局婦人大会での決議文と「申し合わせ」の言説分析を行っている。久布白落実を座長、市川房枝を副座長とする第一回大会では、文部大臣や各政党党首からの祝辞があるなど祝賀の雰囲気があり、女性参政権運動が自分たちの舞台をユーモアまじりに演出するような余裕があったが、三一年九月満州事変の勃発によって議会政治の存続すら危うくなる情勢下で第二回以降の決議文は、自分たちの要求を切実に掲げる文章となる（西川 2000: 172）。そして第三回大会では、「母の立場」からの戦争反対の発言に満場の拍手がまきおこっていたのが、一九三八年の時局婦人大会では、「皇軍に対する感謝決議」も行われるなど、様相は大きく変化する（西川 2000: 169）。

それだけではなく、そもそも、女性にも男性と平等の権利を要求するという立場から参政権獲得が主張されていたものが、生活防衛に責任のある家庭婦人、子どもの養育に責任のある母親の立場を強調することに決議の力点が移っていった。つまり、女性は、その「本務」、すなわち女性特有の産む能力に基づく要求をし、母として妻として、兵士とは違うかたちでの銃後の役割を担うことにより、民族と国家に貢献するという立場へ転ずる変化を見せているのだ（西川 2000: 184-185）。しかし、戦争に反対するにせよ、兵士の「武運長久」を祈るにせよ、どちらにしろ、「母」という立場が国家と女性とを切り結ぶ結節点として構築されていることには変わりはない。

このような家庭内での女性役割を強調することで女性の地位の強化を図ろうとするロジックは、女性運動家たちにのみ限ったことではない。「家庭」の語が明治期に新たな意味を帯びて登場したとき、小家族の情緒的絆とその中心者である妻・母としての女性の役割が強調され称揚されたが、そうした新たな家族は、地域や親族との絆を弱化させて、国家が「家」というバリアを越えて個人を直接コントロールすることを可能にする戦略的基盤でもあった（牟田 1996）。本書第2章でも述べたように、「家」にとって周縁的存在であった女性は、「家庭」では、妻・母の役割のもとにクローズアップされるのだ。

とくに、十五年戦争時、国民総動員の末端組織は「家庭隣組」であって、それを通して勤労奉仕・配給・回覧板による情報伝達や相互監視などが行われたことに見られるように、「家庭」には「家」以上に戦争協力が求められていた。戦時下において、国家は統治の基礎単位の重心を、「家」から「家庭」へと移動させたと西川は論じている（西川 2000: 22）。

この指摘は、個人を「家」の囲いから析出させる「家庭」の機能を考えれば理解しやすい。明治初年以来、「家」の跡取りであることを事由とした徴兵猶予が段階的に縮小され、一八八九（明治二二）年には基準が厳格化されたこと、修身書で教えられる道徳が、「家」や親族へのものより、国家に対する徳が最優先されるようになったことに象徴的に表れているように（牟田 1996: 第2、4章）、家庭とは、国家にとって統制のエージェントとしての機能を果たしてきたのであり、そこで女性が中心的な位置づけを担いむしろ国民として自らの「地位を向上」させるのは、決して偶然ではないのである。

また、総動員体制のなかで「家族国家観」イデオロギーが機能したことがつとに論じられてきたが、牟田（1996: 第4章、および本書第5章）で論ずるように、「家族国家観」の構成要素となっていたのは、いわゆる「家」制度的家族ではなく、たとえ直系家族形態をとっていようとも、家の跡取りですら国家のために「ご奉公」させることができるような「家庭的」な家族であったことを忘れるわけにはいかない。

つまり、天皇を頂点とする戦前の国家体制においては、支配と管理の焦点として「家庭」的な家族は国家の側から期待されていたのだ。しかもそれは、統治者の側からの一方的なコントロールによるのではなかった。女性運動家たちは、近代的家族の価値を信じて、牽引車の役割を務めたにすぎない。

戦後婦人雑誌の言説

そしてこのような女性の家庭役割の強調は、戦後の「民主国家建設」においても実は変わりがない。「家庭」という言葉は、戦後再び、「民主的」という修飾語によって新たな意味を伴って流行語となった。戦争中に「家庭」が戦争遂行と「報国」の基盤として位置づけられたのと同じく、「戦後日本の再建」

の基盤として「民主的な家庭」の建設が唱えられたのである（西川 2000: 41）。

たとえば代表的な婦人雑誌である『主婦の友』の一九四五年分をみれば、「家庭」という言葉が戦前戦後へと「無傷のまま温存された」（西川 2000: 42）ことがよくわかる。戦中号の目次には「家庭隣組防空実戦記」「家庭愛国機献納資金募集」などの題からうかがえるように、「家庭」を基に銃後を守り戦争遂行することを誓っていたものが、敗戦後の一一月号では、「平和と家庭建設」という標語が刷り込まれ「平和日本の建設にも、家庭婦人のもつ役割は大きい」と巻頭言は宣言する。

後述することだが、その後も、政治的・社会的活動の権利と機会を得た女性たちの運動は多岐に広がっていく。しゃもじを掲げたデモで知られる「主婦連」（一九四八年発足、創立時の会長は奥むめお）や、「母親運動」に象徴されるような、妻・母としてのアイデンティティを掲げた運動は、日本の女性たちの運動のいわば定番として続いていくことになる。

さらに時代を下って高度経済成長期になると運動は退潮するが、今度は女性の専業主婦化が進行し、産業兵士たる夫とその予備軍の子どもたちを支える女性たちの家庭役割が強調され、「男は仕事、女は家庭」の性別役割分業規範がより一般化していくことになる。戦時の報国のため、平和運動の「子どもたちを戦場にやらない」ため、そして豊かな社会と家庭生活の確保のためと、目的は変わっても、そこには一貫してジェンダーと家族をめぐる政治がある。

4　売春婦・「慰安婦」への視線

廃娼運動から売春防止法制定へ

戦前と戦後をつなぐ女性たちの運動のうち、もう一つ見過ごすことができないのが、戦後、売春防止法制定へ向けた運動として継続していくことになる廃娼運動である。

本章の対象とする時期の起点である一九三五（昭和一〇）年という時期は、廃娼運動の転換点（鈴木 1998: 19）とされるが、そこに至る経緯は次のようなものであった。

長年の活動を行ってきた廓清会と婦人矯風会は、一九二六（大正一五）年六月に廓清会婦人矯風会廃娼連盟（以下、廃娼連盟と表記）を結成、一九二九（昭和四）年までの三年を第一期として運動を進めた。一九三〇年からは一九三四年をめどに五ヵ年計画で廃娼を実現することを期して、第二期となる運動を展開した。

これに先立って一九二九年四月にジュネーブで開催された国際連盟婦人児童売買委員会は、東洋諸国を対象とする「婦人児童売買実地調査」の続行を承認、翌三〇年五月、バスコム・ジョンソンを委員長とする三名の委員による調査団派遣が決定され、三一年六月にジョンソン調査団が東京に入った。政府や業者による実態の隠蔽工作にもかかわらず、三三年に発表された報告書では日本の「公認妓楼」すなわち公娼制の存在が広く知られることとなり、これが「婦女売買」の土台をなしていることが明確に指摘された（「ジョンソン調査団報告書」『日本女性運動資料集成』第9巻：134-145所収。鈴木 1998: 26）。これによって日本政府は国際的な体面からも、廃娼に踏み切る方向性を明らかにせざるを得なくなった。

そして一九三四（昭和九）年、廃娼陣営の一部と貸座敷（遊郭）業者との間に妥協が成立し、「公娼廃止、私娼黙認」の線で合意を見た。政府内務省当局も、公娼廃止に乗り出す構えをみせたため、廃娼連盟は早々と解散を決定し、国民純潔同盟へと改組、廃娼令実施後に備えた。しかし結局廃娼令は公布されず、結果として、廃娼運動の解体とひきかえに、運動はより精神的・倫理的要素の強い国民純潔運動となる。これが、戦時体制下の総動員運動とあいまって、純潔報国運動へと転化していく（鈴木 1998: 19-20）。この意味で、一九三五年という時期は、運動の転換点であるのだ。

三五年三月に発足した国民純潔同盟は、「官民協力公私一心、国民純潔の精神を鼓舞し大いに質実剛健の気尚を作興すべく、男女道徳理想化の一大倫理運動を全国に起さんとするもの」と宣言する。同盟は、廃娼連盟時代やそれ以前から課題としていた娼妓の廃娼後の保護救済の施策について取り組みを怠ったのではないが、しかし、三五年以降の時代状況は、「純潔報国」のスローガンに象徴されるように、同盟の運動を民族の純潔・浄化の思想と結びつけることになる（鈴木 1998: 27）。

一九三七年の盧溝橋事件以来、対中国戦線の拡大と国家総動員体制の確立とともに、女性団体はその多くが総動員体制の一翼を担うことになったが、廃娼運動に取り組んできた団体は、正面からそれに取り組むことになった。

一九四〇（昭和一五）年七月の第二次近衛内閣成立に際し、矯風会の会頭であった久布白落実は、会

として翼賛体制に熱意をもって協力する決意表明をし、

「矯風会の主義主張は、この新体制に於て愈々其必要の度を増しつゝある。我等が困難を突破し、東亜建設の大業の達成を冀ふなれば、我国民の素質の向上、それは肉体的にも精神的にも、これ程必要なことはない。それを実現するために、我等はやはり、酒と戦ひ、性病と戦ひ、堅忍、不抜、完全に一億一心所謂大政の翼賛に当らねばならぬ。男子は近く十中九までの壮丁は国防に要せらるゝ時とならんとしている際、女子の精神、体力の旺盛に、然かも強力なる事は、国力の根底を培ふものである。我等は精神力に於て無限の源泉を捕へ、この際我が邦国に奉仕せねばならぬ」（『婦人新報』第五一一号、昭和一五年一〇月一日）

と訴えた。同じく指導者の一人であるガントレット恒子は、

「強健、勇壮なる国民は先づ潔くあらねばならない。不潔なる生活は、当事者の健康を奪い、その家庭を破壊し、その害毒を社会にふりまき、遂には国をさへ危くするに至る……。国民の健康が国力の伸張に重大なる役割を有つ以上、純潔なる生活の営みが強調さるべきは当然である」。

「日本民族は……その性生活に於ても自他共に純潔を愛し、重んじ、その実現を招来し得る民族であるを信じ、尚一層の熱と希望を以て純潔日本の建設に当らう」（『婦人新報』第五二五号、昭和一六

年一二月一日）

と会員を鼓舞した。

彼女たちはこうして戦争を勝ち抜くための協力の前面にいたわけだが、敗戦という変化を経て目的は「新国家建設」「平和国家建設」に変わっても、運動の目標は変わらなかった。

本章第1節で触れたように、四六年一月一五日、廃娼運動に長年取り組んできた運動家たちは「娼妓取締規則」の即時廃止と残存制度全廃を内務大臣に請願した。GHQの方針に応じて内務省は「公娼制度廃止に関する件」の通牒を発し、公娼廃止に一応踏み切ったが、現実的には「特殊飲食店」として、いわゆる赤線として存続した。四七年一月一五日に勅令第九号「婦女に売淫をさせた者等の処罰に関する勅令」が公布され、この勅令九号を法制化する運動が、売春禁止法制定への運動へとつながっていく。

五一年、講和条約締結と同時に占領下の廃娼令が廃止されることに反対して、矯風会、婦人有権者同盟、YWCA、大学婦人協会、婦人平和の会の五団体は、「公娼制度復活反対協議会」を結成する。翌五二年二月には、百万人の署名を集めて要望書を国会に提出し、同年五月勅令九号は国内法となった。この協議会が「純潔問題中央委員会」と改称し、さらに同年一一月「売春処罰法促進委員会」、翌一二月「売春禁止法制定促進委員会」（委員長久布白落実、副委員長植村環、神近市子）へと発展、さらに救世軍社会部、婦人福祉施設連合会、全国地域婦人団体連絡協議会等々の諸団体が同委員会に参加し、国会や警察、関係省庁に売春取締りを働きかける（藤目 1998: 335）。

売春防止法制定を推進した女性議員の一人であった神近市子は、売春は社会に害毒を流すから「四千万の主婦の生活を守るために五十万と想定される売春婦の処罰は止むをえない」とあからさまに主婦と家庭の敵として売春婦を位置づける。神近は、売春婦は貧困や欺瞞の犠牲者・被害者であると見てもよいが、しかしそれでも「婦人自身の反省がなければ更正はない」と売春婦のモラルを厳しく問う(神近1956: 107)。

つまり、戦前と戦後の、売春防止に向けた女性たちの運動においては、一夫一婦的道徳とその枠内での男女の貞節が、国家社会の健全化につながるという論理は一貫しているのだ。

占領軍の政策が公娼廃止への決定力となったという意味では、廃娼をめざす運動と占領者とは強力な同盟者であった。GHQが四七年三月に推奨し設置した「婦人福祉中央連絡会」の委員長に当時の矯風会会頭ガントレット恒子が就任し、同年六月の戦後初の矯風会全国大会には、マッカーサー司令部より祝辞が寄せられている(藤目 1998: 330)ことにも、それは表れている。

しかし他方、敗戦と占領はすぐさま売春を繁栄させることともなった。

降伏後わずか三日目の八月一八日、日本政府は占領軍用に性的慰安施設を準備して営業を積極的に指導した。RAA(Recreation and Amusement Association 特殊慰安施設協会)が結成され、一時は七万人の女性を擁した。だが、蔓延する性病のために、四六年一月二一日にGHQより公娼廃止に関する覚書が出され、三月にはRAA所属の慰安施設に将兵の立ち入りを禁ずる命令が出されることとなった。RAAが閉鎖された後、失業した大量の女性たちは、その多くが「闇の女」「パンパン」といわれる街娼となった。

こうした事態は、公娼廃止をかちとった運動の側にまた新たな課題を与えることとなるが、そこでターゲットとされたのは、占領軍や日本政府よりもむしろ売春女性たちであった。

四六年一〇月、矯風会は、政府に「風紀対策に関する意見書」を提出、「終戦後発生した幾多の憂慮すべき社会現象の中特に街頭に徘徊する『闇の女』の進駐軍に対する醜状はこれが長年婦徳と貞操とを強く教へ込まれた同胞女性であらうかと痛嘆に堪へない次第であります」と嘆き、売淫取締・性道徳の確立とその普及および徹底を訴えた。彼女たちの要望項目には、「常習淫売婦」を警察のリストに登録管理し、「登録女性」は「一般住宅地及学校其の他公共造営物の付近に居住するを厳禁すること」とあり、売春婦たちの隔離と厳しい取締りを要求した（藤目 1998: 329）。

また、一般の女性たちの間にも、売春婦への「敵意」を見いだすことができる。占領軍と関係省庁は、米兵の性病予防のために街娼と見なした女性たちを強制的に拉致し、性病検診を強制した。これは「キャッチ」「刈り込み」と呼ばれたが、しばしばいわゆる「ミスキャッチ」問題が起こった。とくに、四六年一一月一五日の午後七時半頃、東京池袋駅近くで日本映画演劇労働組合の女性二人が、街娼婦一斉取締りで検束され、強制検診されるという事件が起こった際には、すぐに職場大会で報告され、各労働組合、国会の問題とされた。二〇〇〇人の女性たちによって集会がもたれ、労組婦人部、婦人民主クラブ、社会党・共産党などの参加団体は、「婦人を守る会」を結成した（伊藤 1974: 64）。しかしこれは、「真面目な職業婦人」が「ミスキャッチ」されたことへの怒りであり、「ミスキャッチされた女性たちの怒りは、しかし、娼婦たちが日常的に被っている暴力への批判とはならなかった」（藤目 1998: 328）。

明治以来、廃娼運動においては、「娼婦救済」をめざす人道的立場も含まれていたものの、売春婦を「醜業婦」「国の恥」として敵視する姿勢が抜き難くあったが（牟田 1996: 第5章）、戦中・戦後という国家主義の高揚と社会混乱のなかで、売春婦たちへの敵意はさらに増したように思われる。しかも、民主化と男女平等の旗じるしのもとに、「清潔」な一夫一婦家族規範が絶対的なものとして正統化されたことは、その敵意をさらに強くしただろう。

このことを、前節で述べた戦前・戦後を通じて女性の家庭役割が強調されたこととあわせて考えると、性の婚姻内への閉じ込めと男女の二元論というジェンダー家族の二つの特徴は、政治体制のいかんにかかわらず親和的にはたらくこと、そしてそれを通じてジェンダー家族が国家の基底装置として機能することの意味がいっそう明らかに見えてくるのである。

慰安婦へのまなざし

廃娼運動、反売春の運動のもっていたこうした姿勢は、戦争責任論のなかでもとくに私たちに鋭い問いを投げかける「従軍慰安婦」問題をどうとらえるかということにもつながっている。

軍の用意した慰安所として現在までに確認されているもっとも早い時期のものは、一九三二年の「上海事変」の際のものであるとされる（藤目 1998: 322）。三七年に日中戦争が勃発し中国との全面戦争に突入すると「軍隊慰安婦」政策が本格的かつ広範囲に実行されてゆく（藤目 1998: 322）。しかし、戦中活動していた廃娼団体は、十五年戦争の全過程を通して「軍隊慰安婦」の連行に沈黙を守ってきたと藤目は指摘する（藤目 1998: 323）。そしてむしろ彼女たちは、戦地の夫や息子たちを「誘惑する」娼婦に反感を抱くのである。

「軍隊慰安婦」政策が発展していく一九三〇年代は、日本国内の廃娼運動団体にとっては、廃娼がいよいよ現実のものになりつつある時代であったことからすると、この沈黙はいかにも不自然であり、彼女たちが新体制運動に積極的に荷担し日本の侵略戦争と国民総動員に自発的積極的に応じたという意味で、日本軍のアジア女性たちへの性的蹂躙に荷担したという批判を免れえないだろうと藤目は批判している（藤目 1998: 326）。

藤目ゆきは、当時の市民的女性運動のリーダーたちの、売春女性たちに対する「醜業婦」観、下層階級女性たちへの共感の不在を指摘し、アジア女性たちへの共感の不在と欧米の同じ階級の女性たちへの親愛感という戦前からの傾向は戦後も変わっていないという（藤目 1998: 323）。

もちろん、「従軍慰安婦」やパンパンへの「視線」は一様ではなかっただろう。林芙美子は、女性作家のなかでもっとも熱心に戦争協力したひとりであり、一九三八（昭和一三）年九月に、内閣情報部の要請によって誕生した「ペン部隊」の一員として中国大陸で漢口作戦に従軍、『北岸部隊』、『戦線』などの従軍記を発表している。そのなかで林は、「支那兵」をあからさまに非人間的に描く一方で、日本兵たちの戦場における「美しい友情」「男の偉さ」を賛美している(1)。しかしその林が、戦後、戦時下・占領下のパンパンや娼婦たちを描いた、「ボルネオ　ダイヤ」（『改造』一九四六年六月）、「骨」（『中ダイヤ」）。

央公論』一九四九年二月）などの作品では、兵士相手のボルネオの娼館で生きる娼婦の空虚さや放恣さを描きながらも、客の軍属が内地に残している妻が、愛国心に満ちてはいるが現実には無知で夫をいらだたせるのとは対照的に、現実感覚を生きる娼婦の姿を、ある種肯定的に表現している（「ボルネオダイヤ」）。

また、生田花世には、「『純潔報国』事業への感謝」と題して矯風会誌『婦人新報』に掲載した文章に、従軍慰安婦の存在をほのめかせるものがある（『婦人新報』四九三号、昭和一四年四月一日）。これは、「特殊の女性軍の一隊が敗残兵に襲撃された」ことを知ったことをきっかけに書かれたもので、兵士や大陸の日本男性たちの「性の不自由」と性病を心配し、国内で矯風会が「たゆまずご努力中」であることに「純潔報国への尽力は何と感謝してよいかわからない」と讃える。しかしその前段では、「北支……などにゆく日本男性のために次々に送られる『女』というこの荷物を、しみじみ考えさせられる……」とも書いており、矯風会への賛辞の表面からうかがえる以上のものも感じさせるのだ。この生田花世はかつて、「パンのために身を売る」ことはやむを得ないと書いて原田皐月らに非難され、いわゆる「処女論争」のきっかけをつくった（牟田 1996: 第5章）ことを思い起こせば、なおさらに印象深い。

林芙美子も、『放浪記』（一九三〇年）で知られるように、幼い頃より辛酸をなめつつ成長し若い時代を過ごした女性であることを考えると、そこには、矯風会の女性たちとは多少なりとも違った売春女性たちに対する視線があったのかもしれない。とくに戦後、「パンパンの生態を肯定的に描いて」（加納編 1995: 57）注目を浴び、「肉体文学」なるジャンルを生んだとされる田村泰次郎の『肉体の門』（一九四七年）では、世間の常識や価値観にとらわれず強く生きる「パンパン」たちが、結局は一人の男をめぐって争い、男から与えられる性の快楽に支配されるというステレオタイプで描かれていることを考えると、林や生田たちの娼婦・売春婦へのまなざしにはそれらとは異なった質があることが感じられる。

とはいえ、それでも林たちにとっても、厳しく貧しい現実のなかで売春婦、パンパンの道をたどらざるを得ない女性たちへの、あからさまな批判はないにしろ、世間のものさしから娼婦たちをはかる視線はけっして例外ではないように思われる。

戦前から戦後に至る売春女性や「慰安婦」へのこうした視線と、戦後の平和主義者、被害者としての女性の自己像は深いところでつながっているのではないだろうか。女性運動家たちが民主化と平和日本の建設を家庭からめざし、あるいは「大東亜共栄圏」の建設のために銃後の協力をしたとき、周縁にある売春女性たちを非難し排除することによって、その正統性はいっそう確保された。国家建設のための礎石として健全な家庭があり、その中心に存在し「市民」「国民」として受益する女性たちにとって、売春婦たちが外在的他者として位置づけられていくのは、ある意味、当然のことだったただろう。

しかし本章は、この時点での、女性運動家たちや指導者の売春婦への容赦ないまなざしや姿勢を批判することが目的なのではない。女性を「娼婦」と「立派な女性」に二分し前者を差別することの問題性は、セクシュアリティと女性の人権に関する第二波フェミニズムの議論を経て、先に引いた上野の言葉を借りれば「歴史によって事後的に宣告された」ものであり、当時の女性運動家たちがその限界を超えられなかったことを非難するだけで事足りるわけはない。しかも、その女性運動家たちの視線を現在の私たちは克服しているどころか、売春女性への差別や偏見はさまざまなレベルで厳然と存在している(2)。

だからこそ私たちは、自身を検証するためにも、当時の女性運動家たちの軌跡を、彼女たちにはなかった新たに獲得された視点によって丹念にたどり、批判と考察を加えねばならない。女性たちの階級差や社会的資源の差など、女性の立場は多様であることを前提として、女性運動家たちや一般の女性たちがどのような力学のもとにそうした姿勢をとっていたのかを突きとめることが必要だろう。

5　平和と反権力——五五年までとそれ以後

女性と平和主義

「女性＝平和主義者」のイメージは、占領期に確立したわけではない。むしろ、冷戦の深まり、朝鮮戦争の勃発、そしてサンフランシスコ講和条約の締結によって追放解除された保守政治家たちの復帰などをきっかけとして起こっていく政策の変更など、いわゆる「逆コース」といわれた時代趨勢のなかで、女性が中心となった平和のための運動が繰り広げられていく。

たとえば、戦前・戦後を通じて女性の運動のシンボル的存在でありつづけた平塚らいてうの軌跡をたどると、彼女は、講和会議直前の一九五一（昭和二六）年八月一五日、日本婦人平和協会、日本婦人有権者同盟、および日本大学婦人協会、矯風会、婦人民主連盟、ＹＷＣＡの有志、そして野上弥生子らの個人とともに、「三たび非武装国日本女性の平和声明」を出している。さらに彼女を会長とする日本婦人団体連絡会は、五三年四月、「平和憲法を守り……逆コースをくい止めましょう」とスローガンを掲げて誕生した。

らいてうは一例にすぎないが、敗戦以来、占領軍との同盟のもとに、「新国家」「平和国家」の建設の先頭に立ってきた女性たちの運動は、「逆コース」に至って、その方向性を大きく変えた。つまり、女性たちの運動はここである種の「断絶」を経験したようにみえるのだ。というのは、戦中から敗戦直後へかけて、女性たちの運動は、権力に対しさまざまな要求を突きつけながらも、総動員体制、そして占領体制の協力者・同盟者として、その力を借りていたものから、いわゆる「反権力」への転換をしている。

換言すれば、建設をめざすものが「大東亜共栄圏」であれ、「平和国家」であれ、戦中・戦後の女性たちの運動が、国家の権力配分への参加をめざし一翼を担おうとしていたものから、国家体制・権力への批判勢力となる道への転換である。もちろん、女性たちの運動組織や目標もさまざまであって、女性運動が軌を一にしてなだれをうったなどと考えるのではないが、時代を代表するような女性の運動に限れば、そのことはいえるのではないか。

上野は、女性運動家の戦争協力を問う議論において、いったい彼女たちに「転向」はあったかと問うている。第一にフェミニズムから戦争協力への転向、第二に戦争協力から戦後平和と民主主義への転向である（上野 1998: 21）。この議論を借りていえば、女性運動家たちは戦後再び、第三の「転向」を経験したとはいえないだろうか。体制との協力による「平和国家建設」から、国家の進む方向とは袂を分かった「平和」のための「反対運動」へとである(3)。そしてそのなかで、「女性＝平和主義者」の図式も確立してきたのではないか。女性は人権や平和という普遍的価値を信奉するとともに、反権力を貫かねばならないというしばしば見受けられる信念の源泉は、ここに発しているようにもみえる(4)。

しかし、女性と平和主義、あるいは反権力は元来ストレートに結びつくものではない。高畠通敏は、

「革新国民運動の伸張は、それが主として若者や女性に支持されたことによっていた。若者や女性にとって、改憲派の主張は、直ちに戦前の徴兵制、イエ制度の復活を連想させるものだったからである」(高畠 1995: 10)

と述べる。

そこには、敗戦直後からの、日本の「民主化」の事情がかかわる。つまり、民主化という意味には、少なくとも、政治的な民主化、民主主義体制の樹立と、社会的な民主化、すなわち身分や門地、性、家長などによる社会的特権や差別の禁止、権威主義的な文化や教育の否定あるいは教育の機会均等(高畠 1995: 3)の二つの意味が含まれるだろう。が、日本の場合、連合国軍による占領という状況下での「民主化」には、二度と連合国の軍事的な脅威にならないよう日本の軍国主義を解体し、平和主義的政府を樹立する政策がそこに重なっていた。元来、平和主義は、民主化や民主主義と本質的な関係をもたない

はずだが、日本において戦後民主主義がいわれるとき、これらは分かちがたく結びつくことになった(高畠 1995: 4)。

つまり、日本の戦後においては、占領下の民主化の特殊事情のために、男女の平等や家族員の平等を求める社会的民主化への願いと平和主義が結びついた。そのことはとくに女性にアピールした。そしてそこで、「女性=産む性、命をはぐくむ性」といった、戦前・戦中に根づいていたジェンダー・ステレオタイプなロジックがその接合をきわめて「自然」なものにした。

念のために強調しておかねばならないが、戦争に反対し平和主義を貫くこと、そのために権力と闘わねばならないとしても、それを決しておそれないことなどの姿勢や立場は、もちろん高く評価されねばならない。戦後女性たちのそうした運動が、私たちにもたらしてくれたものは大きかったはずだ。しかしここで私たちが問い直さねばならないのが、「反権力」と、女性たちの尊敬すべき運動とが、これも「自然な」結びつきのようにみえてしまうことだ。

女性運動と反権力

先に、女性運動の「反権力」化を「第三の転向」と述べたが、この転向は、はじめの二つの転向とは違って、これまでの歴史の評価のなかでなんら否定的な評価は受けていない。むしろ、「反権力」を貫いて平和主義を守る、立派な態度と評価されているといっていいだろう。

ここでその評価に疑問を呈するわけではないが、しかし、女性の運動にとって、権力からの周縁化があたかも自明のように見なされてきたことへの考察もなされる必要があるのではないだろうか。

戦前の戦争協力について、権力からまったく疎外されていた女性たちが、女性の公的活動を要請しかつ可能にする「新体制」を興奮と使命感をもって受け止めた（上野 1998: 24）とするなら、「逆コース」以後の女性たちは、すでに政治的活動の権利が保障されているゆえに、潔くも権力から遠ざかる方向を選択したようにもみえるのだ。

急いでつけ加えねばならないが、上の指摘を本章の対象の五五年間までの女性運動に向けるのは、実は不当なのかもしれない。というのは、この時期は、五五年体制で与野党が二大勢力として拮抗するとともに、六〇年安保闘争や三井三池闘争などに見るように、戦後最大の社会運動の高揚期を迎えており、「権力」と「反権力」の拮抗と緊張がみなぎっていた時期であった。女性運動もそのなかにあったことは間違いなく、「反権力」は、権力から遠ざかるというより、正面から対峙することであっただろう。

しかしそのような時期を過ぎると、「反権力」はあたかも女性の運動にとって、自明の前提になりはしなかっただろうか。旧態依然たる国家体制、妥協となれあいによって決定される政策、「民主主義」「人権」の本質をなおざりにした男性中心の政治……それが国家権力のすがたであり、正面から対峙するに値しないと、遠ざかった場所からの批判を行いはしても、そもそも権力というものへの不信が抜きがたく、「反権力」の意味が、あたかも国家権力から乖離し超越する態度を保つことのようになってしまう。そんな傾向が女性たちの運動のなかにありはしなかっただろうか。

七〇年代以降の第二波フェミニズム運動は、批判の対象を法や制度ではなく、さらに深く社会に根づく文化や歴史・伝統へと移行させていった。それはフェミニズムの運動の進展を示すものに違いない。しかし、岡野八代（2002: 40）の論ずるように、「法の前で両性の平等が保障されている」のに法の現実化が妨げられ不平等が横行する事態に対し、法以前の社会構造や意識・文化を問題とすることに並んで、法そのもののもつ権力作用を問い直すという問題設定も必要だったはずだ。第一波フェミニズム運動の女性たちが、政治的権利が与えられず法の外部に留め置かれていたからこそ、法の起源や歴史性を議論の俎上に載せ、かつその正当性を疑問に付すことが可能であった（岡野 2002: 14-15; Scott 1996）のとは異なって、第二波以降の女性は、法の内部に位置づけられたことで、眼を閉ざされてきたのではないか。そしてそれと、戦後の女性運動家たちの第三の「転向」以来の、権力からの離脱・忌避の傾向とは、つながっていないだろうか。それは、戦前の女性たちの戦争協力、国家体制への「迎合」と異質ではあるが、考究に値する同じく重要な問題なのではないだろうか。そしてこれは、本書第3章で述べた、現在のフェミニズム運動の課題とも関連していよう。

私たちは、国家権力にすり寄ることになるから、あるいは社会風紀の統制者的な役割を務めることになるから、女性は権力に接近すべきではないとの見方をとることはできない。これまで戦争協力に荷担した女性運動家たちの「反省の欠如」が指摘されてきたが、たしかにそうだとしても、女性たちが政治的意思決定の場に、周縁的ではあれ、登場し得たそのことを何らかの意味で評価することもできるのではないか。いかにして彼女たちは、権力に接近し、その力をどのように行使したのか。客観的な実証研究のアプローチが必要だ。

権力を脱構築する可能性

そしてまた、「権力」への接近がなぜ問題なのかを突きつめることも必要ではないか。むしろ逆に、権力を回避することも、「女性」「母」の名においてなされうるのだ。さらに、誤解をおそれずにいえば、国家権力への接近や、戦争・軍事という国家権力による究極の暴力への関与が、なぜフェミニストにとってあってはならない躓きの石なのかが、もういちど問われねばならない。女性自衛官を含めてイラク戦争へ自衛隊が派遣され、日本においても女性と戦争・軍隊のかかわりがいよいよ顕在化した現在、それは喫緊の課題である。

私たちには、権力から「離脱」する道は与えられてはいない。権力を忌避することもまた、私たちにかけられている権力作用にほかならない。既存の政治に絶望しそこから超越しようとこころみることも、やはり政治の効力なのだ。

私たちは、バトラーにならって、「女性の解放」という問いかけの不可能性を知っている（Butler 1990＝1999）。「女性」というカテゴリーを安易に用いることも、ましてやその集団としての「解放」も私たちはめざすことはできない。そう考えるなら、近代国民国家の枠のなかでの、現在の時点からは「過ち」「限界」としか評価しえないようなことがらにも、違った意味づけもできるだろう。「女性の解放」とは、それぞれの女性たちの生きる各所で起こりつづける、ゴールなきたたかいのプロセスそのものであるとは考えられないだろうか。だとすれば、権力への接近を通じて女性たちが力を得ようとするこころみも、その一つなのだとはいえないだろうか。

この一九三五―五五年という時期の、そしてその後の女性たちの運動は、「権力」を必ず国家や一元的支配と結びつくものではないものとして考える可能性、換言すれば権力を脱構築する可能性という、まだ見ぬ方向性を私たちに示してくれているのではないだろうか。

注

（1）成田龍一は、林の作品について、戦場では部外者にすぎない女性という劣位のジェンダーにあるからこそ、優位な当事者（兵士）たちと共に行動し苦労したことによってその共同体に疑似参加するかのような語りによって、非当事者性を克服し「内地の人々」も巻き込んだ共同体をつくろうとする「努力」が読みとれることを指摘している（成田 2001: 183）。

（2）たとえば、「ホテトル嬢」が客の要求に身の危険を感じて、自己防衛から客をナイフで刺した事件では、裁判所は、売春婦には一般の女性と同等の「性の自由」が保障されているわけではないとの判断を示した（一九八七年池袋事件）。また、東京電力に総合職として勤務する女性が殺人の犠牲者となり、売春を行っていたことが明らかになった事件（一九九七年）では、きわめてセンセーショナルな報道が横行したことなど、いくらも例を挙げることができるだろう。

（3）言うまでもないが「転向」とは、そもそも、国家権力による苛酷な抑圧によって主義信条を曲げざるを得ない状況に至ることである。ここで論じている女性運動の反権力への転換は、「平和と民主主義」確立の主義信条を貫くための行動であるから、本来の語義からすれば、「転向」などと呼ぶのははなはだ不適当なことである。しかし、それを承知の上で、後に論ずるようにその後の女性運動と権力の関係を考えるならば、日本の女性運動にとって重要なターニングポイントであったかもしれないことを示唆するために、あえて「転向」という言葉を使っている。

（4）この、普遍的価値を追求することが、女性の運動のなかで反権力のかたちをとってなされなければならなくなってしまったことは、きわめて深刻なジレンマを構成する。なぜなら、ある価値を具現化するには権力作用を通じてしか可能ではないが、反権力の立場に存在していることで、その具現化の手段と機会を奪われてしまうのだ。これは、権力の周縁に位置させられる者がしばしば陥る困難である。岡野八代は、「慰安婦」問題を法廷で裁くことの困難に関連して、このジレンマについて「法システムによって排除されてきた者が、法システムに向かって異議を唱えるときには、法システムの言語・文法によって語らなければならない、そうでなければ、法は聞く耳をもたないという困難に陥る。その一方で、自らが抵抗しているはずの法システムに再度取り込まれる、という困難を避けることは、また、彼女たち自身が法の外に立たされていることに同意することに他ならないのだ」と論じている（岡野 2002: 214-215）。

Ⅲ　ヘテロセクシズムと天皇制・男女共同参画

第5章　家族国家観とジェンダー秩序

　これまで「新しい女」や女性の運動に焦点をあてて、近代日本のジェンダーと権力の配置の構造を見てきたが、本章では、戦前の国家支配のイデオロギーであった家族国家観を鍵としてさらに考察を進める。家族国家観など、すでに歴史の遺物にすぎないように思えるかもしれないが、教育勅語草案の変遷や勅語解説書である衍義書を丹念に見るならば、家族国家観のイデオロギーは、きわめて近代的なジェンダーのロジックを基盤としていたことがわかる。

　本章では、これまでの家族国家観研究においては、ジェンダー秩序が暗黙のうちにも肯定され温存されてきたことにメスを入れつつ、その現代的意味を探りたい。

1　家族国家観批判再考

これまでの諸研究によれば、家族国家観のイデオロギーは、「家族」と「国」の接合により天皇・国家に対する民衆の忠誠を動員・正統化し、日本が「遅れた」近代化・産業化をなし遂げるのに機能した。一国を一家と観念させることによって、家族への心情を拡大、延長すれば愛国に至るという連続性を確立（石田 1954: 8）し、さらに日本の伝統的祖先崇拝の観念を国家神道と結びつけ、天皇家の神話的祖先の傘下にこれとは元来無関係の国民の「家」の先祖を組み入れて天皇と国民の一体化が図られた（伊藤 1982: 15; 松本 1969: 62-78; 川島 1957: 32-35）。これによって、自由民権運動や社会主義思想、個人主義思想など国家権力を脅かす社会的潮流や思想を抑制・抑圧し「家」の共同幻想を増幅し新たな体系化を促すことも家族国家観の目するところであった（石田 1954: 109）。

このように家族国家観はこれまで、近代日本社会における民主主義と市民社会の不在、「個人」の未成熟の象徴であり基底要因の一つでもあったとして批判されてきた。その意味で家族国家観研究は、戦前の国家体制とそれを支えたものを徹底的に究明し変革を行おうとする知識人たちの真摯なこころみにほかならなかった。そのような努力の蓄積が現在の私たちに多くを資していることは言をまたない。

しかし、現在の眼から見れば、それらの批判・研究には、再考すべき点もあるように思われる。第一には、家族国家観において動員された「家族道徳」は、どのようなものだったのかという問題だ。

川島武宜や石田雄らの研究では、「孝行」や「忠節」を最大の徳として強調する「儒教的家族道徳」（川島 1957: 32）、「儒教的家族主義の伝統」（石田 1954: 13）という「前近代的家族倫理」が指摘されてきた。しかしながら、牟田（1996）ですでに論じたように、家族史・社会史研究の蓄積を経て私たちは、「家族の心性」は社会経済的な条件のもとで歴史的に構成されることを承知している。

じっさい、産業・都市化の進行とともに、日本においても家族のありようは変容を経験しつつあった。明治期半ばには、家督の相続や家産・家業の維持を至上命題とする直系家族的家族制度を批判し、「家庭」という言葉に象徴されるような、家族員間の愛情や安楽に高い価値をおく意識が登場していた。そうした新しい家族の心性は、大正中期にかけては都市部での中産階級の形成とともに実現の基盤を得て、子どもへの愛情深い養育を旨として妻＝母たる女性と子どもを核とする家族を成立させていく（牟田 1996: 第3章）。

家族国家観の教化の重要なメディアであった修身教科書においても、「恩」や「孝」といった親子の上下関係に基づく道徳が説かれるばかりでなく、親子が親しみあい家族が団欒を楽しむ情愛ある姿が、明治二〇年代半ば以降の修身書では定着する。文面だけでなく、挿絵においても、親子間の物理的距離や隔たりは徐々に消失し、親密な親子の姿が目立つようになる。これまでの家族国家観研究で論じられてきたように、教学聖旨や教育勅語、国定二期教科書をきっかけとして修身書上に孝行・祖先祭祀などの家族規範が教化されるべき徳目として登場したり強化されたりしていくのは事実であるが、その一方で、家族関係はもっぱら親密なものとして描かれ、それは、より広範な親族・血縁関係を切り離す方向と同時に進行していく。

そして明治天皇と臣民との関係が、家族間の感情を擬して、「臣民のために心なやます」「(臣民を)子のように、おぼしめし」と、天皇の父性的イメージが強調される。明治二〇年代半ば以降の修身教科書では、天皇への忠が第一の徳として強調されるという点では、たしかに「天皇の絶対視」は行われているのであるが、しかしそれは必ずしも、絶対的な権力や権威への恭順、服従を促す様式によってではない。むしろ、家族国家観に動員されている家族道徳は、新しく現れた情愛深い家族イメージを用いて表現されているのである。

つまり、家族国家観における「家族道徳」を、前近代的なものとしてのみ批判するとすれば、近代日本における家族国家観が、「日本特殊的」な要素を含みながらも、西欧にも見られた、近代国家における国民統合のための家族を媒介とした普遍的な政治手段の一変種であることが見えなくなってしまうのだ(牟田 1996: 第4章)。

第二に、これまでの家族国家観研究では、天皇と臣民に「父子」の関係が擬制され、それが支配と抑圧の手段となっていたことが論じられてきたわけだが、天皇の「父性」像には、皇后の「母性」像が伴っていたことにはあまり注目が払われてこなかった。しかし次節で見る近年の諸研究に明らかなように、明治以降の近代的皇后像の形成には大きな政治的意味と効果があった。「御真影」は天皇・皇后の夫婦対で掲げ拝礼され、修身教科書には、皇后が戦病者をいたわる、赤十字に力を尽くす、孤児にあわれみを示すといった、母性的イメージを喚起する挿話が頻繁に登場していた。そうした皇后像が、家族国家観の構築と流布においてどのような意味をもっていたかを理解することによって家族国家観に新たな意味が見えてくるのではないか。

第三に、上記の二つの点が多少なりとも妥当性をもつとすれば、これまでの家族国家観研究でそれらが見落とされていたことが何を意味するのかということが問われねばならない。結論を先取りするなら、家族国家観は、「国民の父母」としての天皇・皇后という一対の男女カップル像を正統なものとして提示することにより、ヘテロセクシュアリティに基づく社会秩序としてのジェンダー秩序を強力に浸透させ、ジェンダー家族の規範を国民に内面化させる契機となったといえるのではないだろうか。

これまでの家族国家観研究は、天皇制国家があからさまに民衆を抑圧し支配することを可能にしたイデオロギーとして家族国家観を理解・批判してきたが、むしろ近代における権力の支配とは、権力を「自然」なものとし身体化することにその本質があることを考えれば、ジェンダー秩序という権力秩序を、自然化し身体化し、画一的に普及させていったことこそが、近代日本において家族国家観を象徴とする近代の支配がなし遂げたことなのではないだろうか。

以下、本章では、以上のうち第二・三点を中心に考察を進めていく。

2　天皇・皇后に見る二元論的ジェンダー

これまでの家族国家観理解においては、国民の「父」、「家長」としての天皇像が強調されてきた。そのことが正しいとしても、しかし、「父」であるための前提条件として、天皇が「男性」であることのジェンダーの確認・イメージづくりがあらためてなされる必要があったことを見逃すわけにはいかない。「男性」としての天皇の確認作業は、対をなす「女」、つまり皇后の存在をクローズアップすることでもあった。

天皇・皇后のジェンダー

大久保利通をはじめ明治初期の政治家たちが、天皇に近代国家君主としてふさわしい教育を行い、そのような姿として国民に視覚化することを重要な課題としていたことはこれまで論じられてきた（多木 1988 ほか）。その君主像の重要な一面をなすのが、「男性」性の表出であった。というのも、明治維新期までの天皇には、「男性」としてのイメージは必ずしも当然のことではなかったからだ。

弱冠一六歳で践祚、天皇位についた明治天皇は、「元服・践祚後において多くの女官に囲まれたままの君主は、軍事調練を意識した乗馬術獲得の機会もなく、稚児髷・薄化粧を施す、という公家社会の秩序を踏襲する世界の中でその身を処していた」（長 1999: 282）と指摘される通り、近代的な男性イメージからはかなり距離があった。一八六八（慶応四）年閏四月、大坂東本願寺での英国公使パークスとの謁見に立ち会ったアーネスト・サトウは、天皇が薄化粧を施し、眉を剃り描き眉をしていたことを記録している（長 1999: 282）。

これはしかし、この時期の明治天皇に限ったことではなかった。武田佐知子によれば、古代より天皇の衣服は男女同形であった。衣服は性差よりも身分差の表出のための意匠であって、衣服の観点からみれば、天皇は性差を超えた存在であった（武田 1997）。

そもそも「天子」とは、性を超越した存在ですらあった。近世後期においては、神々の性別は自明のものでなく、激しい論争の対象ともされた（長 1999: 282-283）。近代初期にあっても、たとえば神功皇后は、妊娠中でありながら三韓征伐を果たしたとされて軍神として崇められたが、「戦う妊婦」とは、近代以降の性別役割規範に適合するものではない。修身書その他に多用されたその絵姿は、性別すら自明でない。長志珠絵によれば、このような神功皇后図は日清戦争の頃まで一般的に用いられていた（長 1999: 284）。

だが、近代国家においては、そうした曖昧さは許されなくなる。ことに、近代国家の君主、軍隊統率者としての天皇の身体においては、性別はモデルとして提示される必要が生じる。錦絵に描かれる天皇は、憲法祭や博覧会など文明を象徴する背景の中心におかれ、軍服や髭といったシンボリックな要素をまとって「男性らしさ」を演出して描かれるようになる（長 1999: 285-286）。

このような演出は、天皇単独で行われるのではない。「夫婦像として一対であることもまた近代以降、新たに創造された試みであるが、視覚化されることによって備わる『男であること』の記号は、その妻の『女であること』の肖像によって区別され再認識されるのである」（長 1999: 286-287）。

皇后の視覚イメージに注目し綿密な分析を行った若桑みどりによれば、皇后像の提示は、近代国家として世界に参入したこの時期の日本に、対外的に要請されたことでもあった。ヨーロッパの王侯たちにとって肖像画は国家間の交際上必須のものであり、明治天皇の写真が外交上の理由から必要とされた。そして国際関係の場においては、天皇像と対の妻たる皇后像も同時に求められる（若桑 2001：第2章）。「ヨーロッパの王族を意識することによって天皇像と皇后像はセット化されていた」のだ（長 1999：288）。

さらに、本章のテーマである家族国家観の構築と流布にとって重要なシンボルであった「御真影」が天皇・皇后の対の像であり、その対が国民にもっとも身近な崇拝の対象となったことは重要な意味のあることだった。

「妻」役割の創出

「御真影」や錦絵等の表象において明治天皇の「対」としての皇后美子像が描かれ流布していくのと同時に、行動においても皇后美子《はる》は天皇の「パートナー」「妻」としての役割を担うこととなる。一八七一（明治四）年の宮廷改革は、後宮から政治に関与する一切の権力・権限を取り去り、「奥向き」の決定権を女官から奪って皇后に集中させた。これにより、それ以前は後宮全体を束ねる妻の役割などはなかった皇后に妻役割創出の制度的基盤が与えられ（片野 1996：88）、皇后の行動は新聞雑誌などのジャーナリズムによって広く流布されて、そのイメージは次第にかたちを固めていく。

皇后に新たに課せられた役割は、まず第一には、天皇の「妻」として直接に夫＝天皇に仕える任務である。天皇の衣服を整える、巡幸の見送りをする、などの行動がそれである。これらは、本来、天皇の側に仕える多数の女官たちの勤めであるわけだが、「妻」役割を新たに得た美子皇后は、これを忠実にこなしていく。片野真佐子（1996: 87-92）によれば、後宮改革を推進した一人である吉井友実が欧米回覧中の岩倉具視に送った書状に、「皇后余程御憤発にて御上之御服等迄御手御始末被遊候」（日本史籍協会編 1931＝1968: 140）とあるように、皇后には、かいがいしく天皇の衣服を世話する妻の役割が期待されていたのであり、かつ皇后はその期待に背かなかった。

一八七六（明治九）年の奥羽巡幸からは、天皇の送迎も皇后の役目となった（片野 1996: 92）。岸田吟香の『東北巡幸記』が「貴人ほど、夫婦の情愛は薄きもの」だが、この度は皇后が千住まで見送るというので「婦女子たちの何れも、左こそと感じ、恐れながら御心を察し奉り、争て御見送を成す為に集まりしものなれば、女子の数は却て男子よりも多き様に覚えたり」（明治文化研究会編 1927: 341）と記すように、皇后のこうした行動は民衆の強い支持や共感を得たという賛辞とともに伝えられていく。

第二に、直接に天皇に対する任務とは離れた「公」的場面での、国家の母としての役割がある。片野によれば、「美子皇后は、……外交・医療・社会福祉・教育・文化の広範な領域にわたり、天皇の妻として公的な意味合いをもつ職務を果敢に担った」（片野 1996: 83）。これを具体的に見ると、西南戦争をはじめとして戦時の傷病兵救済にあたったり、病院での慰問など、国民を慈愛し、老病者を慈しむ、民衆の「母」としての役割である。

皇后のこうした「公」的役割は、近代的な「女性」役割に限定されたものであった。いかに英明さや徳が強調されようとも、皇后の活動圏は注意深く限定され、皇后が政治経済に立ち入ることはなかった。

侍従であった土方久元が美子皇后について、「……英明におはす皇太后陛下にはかつて一言だも政治上について御容喙遊ばされなかったが、……日常の御事については頗る御親切なる御注意を払はせられ、陰になり日向になり」と回想しているように、皇后の働きは「内助」としてのみ期待されるものだったのだ（若桑 2001: 208; 片野 1996: 104）。

こうして美子皇后は、歴史上はじめて、天皇の「伴侶」たる姿を内外に示した。彼女が一九二三（大正一二）年に亡くなったとき、ジャーナリズムは彼女を「明治大帝のご好配」として高い評価を与えた。逝去時の、大正一二年五月一日に『太陽』は、「皇太后崩御」特集を組んだが、そこでは、慈善事業への努力や国民の範としての業績を讃えるとともに、彼女が「明治大帝のご好配」であったことがまず挙げられているのである（若桑 2001: 79-80）。

「対等」なパートナーシップ

近代的性別分業に基づく美子皇后の妻・母役割がつくられると同時に、「対等」なパートナー、ペアとしての天皇・皇后夫婦像も新たに創造されていく。

一八八七（明治二〇）年の孝明天皇二〇年祭や一八八九（明治二二）年の憲法発布の式典において、また一八九四（明治二七）年三月九日の大婚二五年祝典において、皇后は天皇に同車して国民の前に姿を現す。これが皇后の地位にとっていかに画期的なことであったかは、華族女学校英語教師アリス・ベーコンが、憲法発布祝賀パレードに際して記した以下の日記の一節にも明らかだ。

「このできごとは日本の女性たちに大きな進歩をもたらしました。というのは、天皇は皇后よりもはるかに人格が上なので、民衆の前では皇后と一緒の馬車に乗ってお姿を見せることなどできなかったからです。しかし昨日は、天皇が同乗されたことにより、皇后も天皇と結婚したことによって天皇と同じ社会的地位にまで引き上げられたことを天皇ご自身が認められたのです」（ベーコン 1994: 108）。

もちろん、天皇と皇后が真に「対等」なペアであるわけはない。大婚二五年式典に際してさえ天皇・皇后は並び立つのではなく、中央に立つ天皇とは離れた一段低い脇に皇后は座していた（若桑 2001: 250）。「御真影」も、横に並ぶ夫妻の像の左右配置には、階級性とジェンダーの確かな刻印があった。「御真影」の配置にあたっては天皇を右に（向かって左）、皇后を左におくことが文部省より通達され、厳しく守られなければならなかった。男女の左右配置が末端まで徹底され遵守されねばならなかったのは、平等であるかのように並んだ夫妻像に位階秩序を与えて、この男女が完全に対等ではないことを示し、それを一つの秩序として守る必要があったからだ（若桑 2001: 146）。

このように、一見、あるいはシチュエーションによっては「対等」にさえみえる男女ペアの夫婦像のなかには確固としたヒエラルヒーが埋め込まれていた。それはすなわち、天皇・皇后の像を目にすることはそのヒエラルヒーを受け入れ再確認することであったとはいえないだろうか。われわれは、戦前の天皇制と家族国家観を考える際、国民全体の家長と擬制された天皇、赤子に対する父としてのイメージづくりがなされてきたことにこれまで注目してきたわけだが、近代皇后像もこのように天皇像と同時不可欠に近代の創造物として形成されてきたことの意味を見逃すわけにはいかない。

3　教育勅語とその渙発関係資料に見るジェンダー

教育勅語の「夫婦相和」

家族国家観の礎石、あるいは萌芽をどの時期に見いだすかについては諸説があり、川島（1957）は、明治一〇年代の教学聖旨の発布と儒教的教育政策の開始に、石田（1954）は二〇年代の教育勅語発布、学制改革・検定教科書導入に、唐沢富太郎（1956）は四四年国定第二期修身書に、などの違いがあるが、それらのいずれも教育勅語がその象徴であったことには異論がない。「朕思フニ」で始まる勅語では、「孝行」や「忠節」などいわゆる「儒教的家族倫理」が強調され、忠君愛国の道徳が強化されていったと見なされているのは、はじめに見た通りだ。

しかし先に触れた通り、「御真影」は天皇・皇后のペアという新しいタイプの表象を示しており、「御真影」を前にして奉読される教育勅語にはそれに呼応するような「夫婦相和シ」という、夫婦間のパートナーシップを謳うかのような文言があった。この「夫婦相和シ」の文言は、勅語全体のなかでどのような意味をもっているのだろうか。

(i)教育勅語の三草案

勅語の起草過程を見ると、この文言は、起草の当初からあったものではないことがわかる。海後宗臣(1965)によれば、勅語草案には、今日残されているものだけで四六点があるが、それは、三つの系統に分けられる。すなわち、中村正直による草案、元田永孚草案、井上毅草案の三つである。

編纂の発端からの経過のなかで、これら三者の案は次のような経緯で登場した。

まず、一八九〇(明治二三)年二月の地方長官会議において徳育問題の議論が起こり、その後天皇親臨の御前会議である閣議を経て、五月に天皇から文部大臣芳川顕正に、徳育の基礎となる箴言集を編纂するよう異例の内意が下った。ここで文書の起稿を委嘱されたのが、当時帝国大学文科大学教授で文名をもって知られていた中村正直だった。中村案は六月には成文となって内閣に提出されたが、法制局長官の井上毅は中村草案を批判し、自らの試案を山県総理に提出した。他方、天皇の侍講で一八七九(明治一二)年の教学聖旨を成文とした元田永孚も、同じく六月に起草を始めた。七月上旬には中村草案と井上草案が並べて天皇に上奏され、八月下旬には元田と井上の間で修文が完了し成文が整えられた。九月下旬には内閣へ勅語案の請議書が提出され、最後の修正を加えて一〇月二四日教育勅語案が裁可され、一〇月三〇日に教育勅語の発布となった(海後 1965: 338-339)。

つまり、実際に成立した勅語は、井上草案に基づくものであったが、井上草案は中村草案を井上が細かく検討してから筆を下ろしているという点で(海後 1965: 165)、また元田草案自体は、文部省あるいは内閣における勅語審議の草案として提出されることはなかったが、元田が井上草案修正において重要な役割を果たした（海後 1965: 216）点で、三案とも、成文となった勅語に影響を及ぼしたといえるわけだ。

海後（1965: 337）によれば、いずれも一八九〇（明治二三）年に起草された三つの草案は、中村案が忠孝を基とするとしながら、西欧思想によって道徳の根源を明らかにする姿勢をもつ、元田案はもっぱら儒教思想によるもので、五倫三徳一誠で道徳の内容をまとめている、そして井上案は東洋思想を基としながら、市民生活の倫理も加えて国家興隆の目標にも適合するよう道徳を組み合わせた、という性格の違いをもっていた。基盤となる道徳哲学にこうした差異を見せる三つの勅語草案のなかには、天皇・皇后がどのように記述され、どのようなジェンダーにかかわる思想が見られるだろうか。

(ii)勅語草案のなかの夫婦相和

勅語の第一起草者である中村の草案は、修正を度重ねているが、家族や夫婦に関する文言に注目してその変遷を見ると、興味深いことがわかる。「忠孝の二つは人倫の大本……」の出だしで始まり、忠君愛国、仁義親愛智徳、敬天敬神などの徳目が繰り返され強調されていることは修正を経ても変わらないが、父子関係以外の家族にかかわる道徳については変化がある。すなわち、初期の案では、国家の富強を図るべしとする節に、「その郷土の繁栄を謀りその家族の幸福を増し」、その結果として「国家の富強を望むべし」とあり、あわせて最終段では、「一家においては和熟を求め……」とあるのだが（海後

1965: 167-168)、これらの箇所は後に消えて、成案では各自国民が国家の富強を図るべく、「一身一家及び社会の福祉を造るべし」とあるのみである（海後 1965: 167-168)。

つまり、中村案には当初は、より広い地域社会に位置する家族のイメージと結びついて、父子関係を天皇と臣民に模す家族国家観の原型（海後 1965: 193）があったのだが、修正が進むほどに地域社会や大家族への言及が消えた。そして他方、「夫婦相和」のような夫婦関係の道徳に触れる文言は中村案にはいちども登場しないのである。

元田永孚の草案は、「天祖国を開き民を育し皇統一系天壌窮り無し……」で始まる（海後 1965: 227)。その内容は、教育の本源は君臣一体となっている「我が国体」に存するとし、君と臣が父子の如く密着して一体である関係が日本の「国体」であると説き起こす（海後 1965: 230)。そして続けて、君臣父子兄弟夫婦朋友を合わせた五倫の道を説くが、「夫婦」に関しては、「夫婦和して淫せず」と説くのみで、儒教的道徳の範囲を越えていない。元田の起草した勅語の前身の教学聖旨（明治一二年）も、「君臣父子の大義」がとくに前面に押し出される一方、「夫婦相和し」に類する文言はない。

勅語として完成し普及することになった井上案にも、当初の草案時からの内容の若干の変化がある。「朕惟フニ我カ皇祖皇宗国ヲ肇ムルコト久遠ニ……国体ノ美ニシテ実ニ教育ノ本源ナリ」で始まる前文は、成文となっても、「久遠」が「宏遠」に、「美」が「精華」に修正されるなどの微調整を除いて変わることはなかったが、しかし本文内容では、ここで論じている観点からすると重要な変更が、修身の条目に加えられている。

これを詳しくみると、井上案で初稿から最終成文まで一貫して挙げられているものは、次の一四項目である。すなわち、(1)父母に孝、(2)兄弟に友に、(3)夫婦相和し、(4)朋友相厚くす(相信じ)、(5)勤倹を主とす(恭倹己を持す)、(6)自ら愛して他に及ぼす(博愛衆に及ぼす)、(7)業を習う、(8)知能を啓発する、(9)その器をなす(徳器を成就す)、(10)公益を広める、(11)世用を助ける(世務を開く)、(12)国憲を重んじ国法に従う、(13)義勇公に奉ずる、(14)天壌無窮の皇道を翼載する(皇運を扶翼する)、である(( )内は勅語成文の表現)。

しかし初稿では、これらの徳目のほかに、(1)親族相睦ましくする、(2)隣里相保ちて相侵さず、(3)己の欲せざるところは人に施さず、(4)生計を治め身家を利する、(5)郷土を守り固める、という五つの徳目が加えられていた。ところが、これらはすべて修正の過程で削られたのだ(海後 1965: 333)。つまり、中村案の修正プロセスと同様に、親族・隣里・郷土といった、個人や家族をとりまく地縁・血縁関係に対する義務を説いた徳目が削られているのである。とくに井上案には、中村案とは違って「夫婦相和シ」が挙げられているため、井上案は修正によって、夫婦や親子の小家族内の道徳と国家・天皇に対する責務が相対的に大きくクローズアップされたことになる。

以上見てきたように、勅語草案のうち、勅語成文となった井上毅案にのみ「夫婦相和シ」の文言が存在し、しかも修正を経るにつれその重みが加わっていったことがわかる。勅語作成過程のなかでとくに「夫婦相和シ」の徳目の定着過程について論じた山住正己は、井上が漢学の口吻や洋学の気習を避けるべきという考え方をもっており、漢学を避けようとすれば孟子の「夫婦別有リ」は検討し直す必要があると考えていたこと、造化機論や生理学など当時の「科学」的知見を考慮に入れていたことを指摘している（山住 1980: 151-152）。井上は勅語発布直後の一八九〇（明治二三）年一一月七日付『日本新聞』に匿名で「倫理と生理学の関係」を書き、そのなかで、「倫理の関係は元来人身生機の構造より生したる造化自然の妙用に起こるもの」ととらえ、古今東西を問わず人間に普遍的であると述べていた。そして五倫のうち夫婦を第一に挙げ、「夫婦の道は二人相集まりて一の和合の作用を為すものなり、一陰一陽一剛一柔にして、天地の妙用存し、子孫育はる、是れ則ち人身の組織構造に生する自然の理なることは、誰人も異議なかるべし」とし、男女・夫婦「天稟の心理」として男女に生得的に強弱、優劣の差があることを論じている。

完成した勅語がこのように、当時最高の科学的知識によって「自然」視され位階づけられた性別二元論に立ち、しかも夫婦という男女対を最優先の関係とする考え方に裏打ちされていたことは興味深い。こうした井上の主張について、山住は、

「男女同権を排する根拠ともなるのだが、しかし人間の自然に着目することによって父子や君臣の関係に先立って夫婦をあげているところに、普遍性への道を、ともかく開こうとしていた面のあったことに注目する必要がある」（山住 1980: 152-153）

と評価しているが、しかし現在の視点からは、夫婦と男女の関係を「普遍」「自然」のものとして見よ

うとしたことそのものに、近代のジェンダー秩序の構築の一端が明らかに見てとれるのである。

渙発資料にみるジェンダー

教育勅語は、勅語の文言・字句を解説したテキストブック、すなわち各種「衍義書《えんぎしょ》」などの渙発《かんぱつ》資料によっても流通し教化されていった。勅語自体は文語調の短い文章であるため、むしろその解説書である衍義書のほうが、勅語の「思想」を受け手の生活のなかでいかに解釈するか、より影響力をもっていたといえるかもしれない。そこで次に、とくに勅語の「夫婦相和シ」の字句がどのように各種衍義書で解釈され伝えられていたのかを見てみたい。

ここで検討の対象とするのは、『教育勅語関係資料』(全一五巻)収録の計一九二種の衍義書である(1)。これら一九二種の刊行年は一八九〇(明治二三)年一〇月三〇日の勅語発布以来、もっとも早い同年一〇月三一日発行日付の『勅語私解』(筒井明俊)以降、一九三六(昭和一一)年までにわたる。これらのなかには、後述する井上哲次郎著『勅語衍義』(明24)のように、権威あるものとされ版を多く重ねているものや、「文部省検定済」とあり学校で教科書として使用されていたことが明らかなもの(『聖諭衍義』『教育聖諭教本』いずれも湯原元一、明32ほか)、師範学校教科書であったもの(『修身教科書勅語要義』吉田静致、明40ほか)など、一定以上の発行部数があったことをうかがわせるものも含まれるが、一九二種の各々がどれほど発行され、普及していたかは、不明である。

以下、一九二種の衍義書を、明治二〇年代発行のもの、三〇年代、四〇年代と、便宜的にだいたい十年区切りにわけ、点数の多いはじめの三期について変化を見ることにする。各時期の点数は表5－1の通りである。

表5－1　『教育勅語関係資料集』収載の衍義書発行時期別点数

発行時期	点数
明治23-29（1890-1896）	73
明治30-39（1897-1906）	42
明治40-大正5（1907-1916）	63
大正6-15（1917-26）	10
昭和11（1936）	1
不明	3
計	192

(i)明治二〇年代――「夫婦相和」への否定的・消極的態度

後述するように例外はあるものの、「夫婦相和シ」を含む勅語の一節に関する明治二〇年代発行の衍義書での解釈・指南の特徴は、親への孝行をより強調し、あるいはそれのみを徳目とし、夫婦愛やパートナーシップについては、否定的に説諭したりまったく触れなかったりするものが多いことである。

具体的な記述を挙げると、夫婦間の愛情にのみ惑溺する者は、父母兄弟姉妹、及び親戚の敵となる（『勅語釈義』内藤耻叟　明23・11・24発行）、妻の夫に事《つか》ふる道は臣の君に事へ子の父に事ふるに異ならず、妻を迎ふる際は必ず父母の教に従ふ（『勅語俗訓』内藤耻叟　明23・12・23）、夫婦の道は必ず媒酌を待て、〔そうでなくては〕狎れ侮りて以てその常を壊ふる（『聖勅衍義』藤澤南岳　明24・3・10）、二おやを夫に代りかしづきて……家の政を勤しむぞ女の道のかがみなる（『勅語風解道の光』甲斐順宜　明24・3・20）と、夫婦の関係は親子関係の下位におかれているのである。

分量の点でも、このことは明らかで、『聖諭大全』（明25・9・19）

は上・中・下の三巻にわたる大部の衍義書であるが、「夫婦」に関する箇所はわずかで、しかも、「舅姑に仕ふる婦は、夫も外ならず親しみ厚き者なり」『聖諭大全』（明25・9・19）と、嫁の舅姑への務めのいわば余録として夫婦の親和に触れているだけで、「夫婦相和シ」の文言のある勅語本文とは距離がある。那珂通世・秋山四郎による『教育勅語衍義』（明24・1・7）では約八〇頁（頁数は『渙発資料集』での頁による。以下同じ）のうち八頁にわたって孝行に触れているが、夫婦については二頁のみで、これは朋友・兄弟について各々述べた頁よりもさらに少ない。また、貞操・貞節について述べてはいるが、夫婦の和については触れていないものもある（『修身美談』板東富三明25・1・28、『教育勅語唱歌集』明29・11・13、『教育勅語例話』今泉定介・深井鑑一郎編 明25・10・28）。このほかで夫婦関係に言及しているのは、瀧鶴台・山内一豊の妻を讃える古典的なもの（『教育修身美談』河井東崖編 明24・8、『勅語修身訓話』吉岡平助明26・3・15、『勅語歴史談』高橋鍬郎編 明26・5・25）があるのみである。

さらに、夫婦関係や夫婦の和に触れているものは次の二種に大別されるが、いずれも夫婦相和を積極的に説いてはいない。

(1)和合を説きながらも、夫婦の別をわきまえるべきことや、妻は夫に服従すべきことに力点をおいて説くもの（『教育勅語奉解』大石貞質 明25・3・7（「夫婦は必ず和にして別あり、夫は義を以て唱え婦は順を以て和し……」）、『修身宝典』松本貢謹 明26・4・22など）。

(2)夫婦相和を家の繁栄、国家の繁栄の手段として説くもの。これはさらに次の三つに分けられる。

①家の繁栄とつなげて説くもの＝『奉読用勅語通解』渡辺武助 明24・2・24、『教育勅語童蒙解』北川

舜治 明24・3・3、『勅語訓蒙』鹿島喜平治 明24・6・6、『斯道勅語衍義』伊藤房吉 明24・8・1、『勅語修身経階梯』末松謙澄 明24・11・10、『勅語修身経読本』末松謙澄 明24・11・13、『教育勅語述義』太田保一郎 明25・5・24、『日本倫理学案』井上圓了 明26・1・7、『勅語と仏教』太田教尊 明27・2・10、『女子教育勅語例解』山口袈裟治 明27・3・17。

②国の繁栄とつなげて説くもの＝『教育勅諭略解』土岐秀苗 明26・2・11、『教育勅語講談』内藤耻叟 明26・2・28。

③家と国両方の繁栄とつなげて説くもの＝『勅語略解』佐藤暘岱 明25・2・12、『教育勅語略解』正木次章 明25・12・7、『教育勅語衍義考証』三石寅吉編・井上哲治郎校閲 明26・7・29。

こうした傾向の例外は、次に述べる井上哲次郎によるもののほかは、キリスト教に基づき聖書の夫婦像を説き夫婦別あるべからずと述べる『勅語正教解』（石川喜三郎 明26・7・16）、「夫は婦を憐み婦は夫を敬い互いに親愛して和合するは……」と説く『童蒙勅語図解』（北村禮三・北村包直 明24・4）のみで、明治二〇年代に発行された勅語衍義書では、夫婦を家族の中心とし夫婦の愛情やパートナーシップを強調する視点は非常に薄いといえる。

もっとも影響力のあったと考えられる井上哲次郎著の『勅語衍義』（明24・9・2）は、この傾向のなかで特異な例外をなしている。

井上は「夫婦相和シ……」の勅語本文を解説し、「夫婦は一生の同伴」であるから「〔夫・妻とも結婚する相手を〕自らよく選び〔さもなくば相和しないので〕……」、「夫たるものは妻を愛撫して以て其歓心を得べく……」、「婚姻は必ず高尚なる親愛に因りて……妻に対する親愛に本づく……」と、夫婦の相和を具体的・積極的に説く。この衍義書では、分量の点においても、「夫婦相和し」の項が「父母に孝に」と同様の分量を占めており、「兄弟に友に」「朋友相信し」よりも長くなっている。さらに、「妻は元と体質孱弱《せんじゃく》にして多くは労働に堪へざるもの……危難に遭ひては之を保護し……」とする井上『勅語衍義』のジェンダー観は、見習うべき範として烈婦・節婦を挙げていた同時期の他の衍義書に見る女性観とは明らかに一線を画している。

教育勅語以前にさかのぼる女訓書でも、たとえば『改正女今川』（浦野直輝編・巻菱潭書、明13）は、「女は薪水・紡績・割烹等をよくよく心得……」と労働を当然視し女性の務めを説いており、これとは対極の、井上の提示する守られるべき、弱い性としての女性像は印象的である。

勅語本文の解説のほかにも、井上哲次郎『勅語衍義』は、「夫は外で働き妻は家事」という近代的性別役割分業と、男は強く女は弱いとする相補的男女二元論を強調する。「一家族を成さば、夫婦に必ず業を分かつの要を生す。即ち夫は外に出て業務を営み、婦は内に居て家事を掌り……」、「女子の婉淑にして貞正、……男は健強にして篤実を選べ……男女は磁石の積極と消極……相投合して……幸福なる一家を成す……」等々は、井上衍義書のジェンダー観を象徴する文言である。

この時期の衍義書では、井上『衍義』以外にも、井上が序文を書いている『国民修身談』（鈴木倉之助明24・12・24）が「夫婦とは一夫一婦の結合なり」とし、蓄妾や「私生」子を批判しているが、この二種はこの時期ではまったく特異である。井上哲次郎の『勅語衍義』が、執筆にあたって、中村正直・加藤弘之・井上毅らの意見を聞き、芳川文相の序文を得、しかも内大臣を経て「天覧」に供した上で刊行された書物であり、多くの衍義書のなかでもっとも権威あるものとされていた（山住 1980: 106）こと、また家族国家観の構築と定着に資した有力な一要因と見なされていることを考え合わせれば、その意味はさらに大きいように思われる。

井上哲次郎の主張の背景については後に検討するとして、明治三〇年以降の衍義書の内容の変化を次に見ていこう。

(ii)明治三〇年代―近代的性別役割分業と国家に資する家族

二〇年代に見られた以上の傾向のうち、親子関係や孝行を夫婦関係、夫婦相和よりも優先させて論じて説く解釈は三〇年代のものでも皆無ではない。『教育勅語講義』（福井耕運 明32・9・26）は、夫婦睦まじくと説きながらも夫は天、妻は地であるから夫婦に別あることが必要と述べ、その上、母は扶養すべきだが妻の扶養は不要とする興味深い挿話を含む。しかし、これを例外として、二〇年代のものとは違って三〇年代の衍義書では、親子や親戚関係を夫婦関係より優先させねばならないと説くものはなく、夫が妻を扶養することは妻が家事・育児に携わることに対応する夫の務めであると見る近代的性別役割分業観が優勢となる（『教育聖諭教本』湯原元一 明32・10・2、『教育勅語略解男子用』明35・3・25、『修身要義』和田豊 明34・6・5 ほか）。

図5−1　井上圓了謹解『勅語略解』（明33. 11. 29発行）挿図

夫婦の和合を家や国家の繁栄の手段として説くものは前期間と同じく見られるが、明治三〇年代になると、家の繁栄や子孫の幸福とつなげて説くものよりも、国家の繁栄とつなげる方が多数となる。この傾向は、明治四〇年代・大正年間を通じてさらに強くなる。

また、明治三〇年代から現れる新しい傾向は、夫婦相和を説くなかに「妻」「母」としての皇太子妃や皇后の描写が登場してくることである。節子皇太子妃を賞賛し皇太子夫婦の仲睦ましさをたたえ、皇后の慈愛を賛美する『聖諭修身鏡』（楓陰義合　明34・3・15）は、明治四〇年以降頻出するこうした描写の嚆矢である。『勅語略解』（井上圓了　明33・11・29）には天皇・皇后と新婚の皇太子夫妻、未婚の皇女らが揃った天皇家の写真が口絵にされており「家族写真」の様相である（図5−1）(2)。天皇・皇后の写真を扉に配した衍義書もこの時期から見られる（『教育勅語略解男子用』明35・3・25、『教育勅語略解女子用』明35・3・25など）。

さらに、一九〇三（明治三六）年三月一八日発行の『教育勅語のおしへ』（此村庄助）は、夫婦を内外に別すべき教えを述べるが、しかし興味深いことに、夫婦が睦ましく博覧会見物に揃って外出する挿絵が描かれており、これ以前の衍義書に比べて夫婦イメージが変化してきたことを印象づける。

(iii)明治四〇年〜大正五年―父母としての天皇・皇后

この時期には、夫婦・家族の親愛と国家の繁栄とを直結して論じる論調はほとんどすべての衍義書に共通したものとなる。皇后を「国母」とする描写も見られるようになり（『勅語読本』育成会編集部　明41・3・11）、歴代皇后の慈愛を挿話とする『教育勅語奉釈』（秦政治郎　明41・9・13）、天皇・皇后を「美しき家庭の見本」として説く『教育勅語画解』（片山春帆　明44・2・9）など、皇室の家族イメージを利用する描写が目立ってくる。

この十年の後半、大正年間に入ると、夫婦の情愛を強調し、情愛無ければ夫婦無しと説く『衍義』（道友社編集部（天理教）大3・4・24）、家族制度に基づく道徳の不合理なことを論じ舅姑のために嫁には苦労が多いと批判する『教育勅語新義』（田中治吾平　大3・4・15）などが現れ、勅語発布直後の二〇年代とは論調が大きく変化していることがわかる。

勅語が先取りする相補的ジェンダー観

上述のように井上哲次郎の『勅語衍義』に見られる夫婦の和合強調は、勅語発布直後の時期のものとしては特異であり、大正年間のものも含めても、夫婦のパートナーシップや愛情、相補的ジェンダー観を例外的に強調した衍義書だったといえる。

そこには、執筆時の井上哲次郎が洋行から帰朝してまもなくであり、しかも三四歳という比較的若年齢であったことが関係しているのかもしれない。山住は、「ヨーロッパに長年留学し、彼の地の文物に接し、逆に狭い愛国心を身につけるという留学生はこの後しばしば現れるが、井上は早い時期におけるその代表であったと言えよう」（山住 1980: 106）と厳しく論じているが、「狭い愛国心」かどうかは措くとしても、やはりその生活史・バックボーンが、儒教的で上下関係のうちに家族関係をとらえる勅語解釈とは異なるものを生んだのであろう。じっさい、五〇年後に井上自身も、自分が勅語の解釈者として選ばれた理由を、漢洋両方面の学識を身につけていたからだろうと推測している（『釈明勅語衍義』昭和一七年）。

しかしその「西欧近代」知に裏づけられた井上の勅語解釈が、「狭い愛国心」の発露ではないとしても、夫婦・男女を固定的な性別二元論でとらえるジェンダー観を確固たるかたちで説諭した意味は重い。しかもそこでは、妻が夫に奉仕服従するような夫婦関係は否定されるけれども、妻である女性は、「相和」「愛情」のもとに夫に扶養され「愛撫」される、社会経済的かつ身体的に弱い存在として、相補的な対の一方としてあることが理念とされた。前節でこれまで見過ごされてきた家族国家観の機能として、天皇・皇后の夫婦像を通じて性別二元論的ジェンダー観を浸透させるはたらきがあったことを示唆したが、衍義書という権威あるテキストブックを通じてそれはさらに拡大していったといえるのではないだろうか。

勅語案では採択された井上毅のものが、衍義書では公認された井上哲次郎のものが、当時では特異な、しかし現代では馴染みのジェンダー観を示していたことは、もっと注目されてよい。これらの特徴ある勅語案・衍義書が採用され流布していったことが日本の近代にどのような意味をもっていたのか、さらに考察が必要だ。

しかしもちろん、勅語や衍義書が人々の思考様式や意識に一方向的に影響を与えるわけではない。影響力があったようにみえるとしても、それはむしろ時代の要請の結果でもあったに違いない。前述したように、明治末年から大正期に家族のあり方が変化を見せはじめることを考えれば、勅語や井上『勅語衍義』は、新しい家族の現実に適合するジェンダー観を先取りし積極的に取り入れたという見方すらできるかもしれない。

ジョージ・モッセは十八世紀から十九世紀のイギリス・プロシアで、王や皇帝が国民中産階級の生活様式や心性を模倣するようになり、「市民的価値」が国家の倫理となっていったと論ずる（Mosse 1985＝1996: 12）。本書第６章で詳しく述べることだが、ビクトリア女王やルイーゼ后妃が国民的人気を誇ったのも、彼女らが中産階級の母や主婦のようにふるまったからであった（若桑 2001: 130-131）。それは絶対主義時代の王侯支配とはまったく異なる、近代国家の君主のあり方であり、支配と地位保全の戦略でもあった(3)。

洋を隔て文化を異にする日本にあっても、明治以降の国民国家形成に際し天皇・皇后が統合のシンボルとなるわけだが、天皇・皇后の側がむしろ新興階級の民衆の文化に接近することで、それが果たされる面もあったのではないだろうか。家族国家観に含まれる近代的な夫婦家族の規範とジェンダーの秩序は、その一要素であったに違いない。

4 捏造された「公」「私」

本章では教育勅語を一つの手がかりに、九〇年代以降のフェミニズム理論研究のなかで提示された新たなジェンダー概念を鍵として家族国家観を再考してきた。そこで見いだされたのは、家族国家観のイデオロギーを構成したとされる諸言説のなかにある、権力の上下関係を伴った対として補完的に機能する男女像であり、その上下関係が生物学的に「自然」なことと前提されかつ「愛情」のもとに合理化される事態であった。これはまさしく、江原（2001）の指摘する、現代の私たちの生きるジェンダー秩序にほかならず、ジェンダー家族の根底をなすものである。

勅語以前に、あるいは近代天皇制以前に、男女の性別によって仮構された規範が何ら存在しなかったなどと論ずるつもりは毛頭ない。イザナギ・イザナミの神話にさかのぼるまでもなく、いつの時代・文化にも、男女一対、夫婦をペアとする異性愛に基づく性別二元論的思惟は存在しただろう。

しかし、近代日本の家族国家観は、並ぶものなく「高貴」であるがゆえに男女の性を浮遊する存在でもあった天皇を、ある意味では引きずり下ろし、身分や身体の多元性をぬき去って、「男」「女」の二元論に天皇をも巻き込んでジェンダーの秩序を画一的に、可視的に、顕在化して普及させたところに、注目すべきもう一つの機能があったのではないだろうか。近代における権力の支配とは、権力を「自然」なものとし身体化することにその本質があることを考えるならば、言うまでもなくその意味はきわめて重い。

また、このことはさらに、近代的な「公」「私」の分離とジェンダーの関係を考える上でも示唆的である。美子皇后は、「御真影」として明治天皇に並び（対称に位置しながらも下位の序列を意味づけられ）、国会開設の儀礼に玉座を並べ威厳をもって登場するとともに、天皇の「内助」を期待され、国民に対しても妻・母としての役割を務めた。つまり皇后は、「女性」役割に封じ込められながら最高の権威と政治性を帯びた存在となったのだ。

これは、画期的な事態ではなかっただろうか。女帝や有力な后、側室として女性が政治権力を握った例は過去にあっただろう。しかしそれとは違って、美子はじめ近代以降の皇后にあって着目すべきは、夫婦関係のあり方や、妻・母としての務めなど、現在私的なものとして理解されている役割が、権威ある政治的空間のなかでオーソライズされ公的につくりだされたということである。

そしてそれは新たに形成される中産階級の家族において、女性たちの正統的なモデルとなった。皇后とは異なって、女性たちは公的空間から排除され、もっぱら家内領域で愛情をもって夫や子の世話と奉仕をする役割を与えられる。それを私たちは、近代社会におけるジェンダー化された公私の分離として理解しているわけだが、ここであらためて思い知るのは、公私の二つの領域が相補的に生みだされるわけではないということである。

すなわち、美子皇后に見るように、「私」領域は、「公」のなかで定義され、医学や科学の知見を援用して「自然」や「普遍」の装いをまとってつくりだされるきわめて「公」的なものだ。北原恵は、皇太子妃の妊娠報道に関して、天皇や皇室の「私的」「公的」行為の定義がすり替えられていったことを指摘している（北原 2001: 248）。これと同様に、明治期の天皇・皇后をめぐる表象からも、「私」領域が、あるいは「公」「私」の領域分離そのものが、公的につくりだされる事態が見てとれるのだ。

家族国家観が民衆の国家権力への服従を引き出し正当化する、近代国家のあからさまな支配の手段であったことは確かだろう。しかし、上述したように、近代におけるジェンダーの秩序は、生産と消費、公的活動と私的活動、支払われる労働と不払いの労働の分離、さらには、愛情やケアの不平等な交換すらを「自然」化させ身体化させるという意味で、さらに高度な権力の作用を伴っている。家族国家観には、そうした秩序の創出と教化の一環として機能していった側面が見いだせるのではないだろうか。

注

（1）以下、『　』は各衍義書の書名、（　）は著者名と発行年月日。編著の場合は（　編）とする。但し、原典では、「著」以外に「識」「述」「選」など多様な表現があることを断っておく。なお、〔　〕は文意を明らかにするために引用者が原文をわかりやすくしたもの。
（2）ただし、図中の皇太子も皇女たちも皇后美子のなした子ではない。皇太子は一八八七（明治二〇）年九月三一日、九歳の時に儲君治定され皇后の実子となっているが生母は柳原愛子、皇女たちの生母は園祥子である。最年長の皇太子と最年少の康宮聡子には一七歳の年齢差があり、この異母兄妹は写真の中で親子のようにもみえる。このような年齢差、複雑な血縁関係は当時の民衆の家族でも必ずしも異例ではなかったであろうが、現代の「聖家族」的な天皇一家の家族写真、「皇室アルバム」とはやはり距離がある（「皇室アルバム」分析については、北原 2001 を参照）。

（3）これはまさしく現代日本の天皇家でも採られている戦略だといえよう。美智子皇后が皇太子妃であった頃、平民出身であることや子の弁当作りをすることなど、「庶民性」や「家庭的な母親」であることが強調され、皇室人気を高めたことはその典型だろう。詳しくは第6章で触れる。

第6章 「男女共同参画社会」の女性天皇問題とフェミニズムの悪夢

第5章では、近代天皇制が、近代的なジェンダー規範と家族モデルを利用してその権威と正統性を担保してきた側面について論じた。戦後民主主義の下で家族国家観は否定され象徴天皇制に移行したが、家族モデルの利用という点で変化はあるのだろうか。本章では、女性天皇問題をつうじて、このことを考えていきたい。

1 マイホーム天皇制・男女共同参画天皇制

女性天皇容認論

一九五九（昭和三四）年の美智子現皇后の婚入は、皇室の家族イメージを大きく変える契機となった。彼女が平民出身であることが「国民に開かれた」「民主的」皇室にふさわしいものとして喧伝され、現皇太子の出産後は、それまでの皇室の慣例を破って子どもを手元で育てること、子どもの弁当作りすら「手ずから」行う「良き母」であり「良き家庭」であることが、テレビのワイドショーや女性週刊誌を含めた一般メディアで繰り返し語られた。

すでに現天皇の母である良子《なが》前皇后（香淳皇后）が、これも皇室の慣習に反して、乳人をおきながらも自ら授乳することが当時の新聞ほかマスメディアで報道され、あたたかい「母」のイメージがつくりだされていたが、六〇年代の「マイホーム主義」の風潮に乗って、美智子妃と皇太子一家は、いわばマイホーム天皇制といったものをつくりだす鍵となった。

そして九〇年代から世紀を超えて、世代を下りまた新たな皇太子家族が誕生した。「キャリア・ウーマン」であった小和田雅子の華々しい婚入（一九九三年）、愛子内親王の出生（二〇〇一年）と、天皇家の「家族」をめぐるできごとがマスメディアを通じて滲出する機会はますます増加した。出産後の記者会見で涙ぐんだ雅子妃の「感動的」で慈愛に満ちた姿はすでに皇室の「母」としては新しいものではなかったが、今度は、出産時の付き添い、赤ん坊を抱き上げる姿など、新たに「父」となった皇太子の子育てへの関与が話題となって漏出した。

かつて厚生省（当時）が、人気最高潮だった歌手安室奈美恵の夫サムの赤ん坊を抱いた姿と「子育てをしない男を父とは呼ばない」のコピーを使って話題を呼んだ。そうしたキャンペーンにもかかわらず、年間労働時間や超過勤務時間は減少することなく、男性の育児参加は現実には進まない中で、次代の天皇たる皇太子と雅子妃は、時代の要請を先取りしているようにもみえた。

そしてそれ以上に興味深かったのが、愛子内親王誕生の前後から、女性天皇容認論が急浮上したことだ。皇室典範は、戦前に引き続き皇位の継承を男系男子に限定してきたが、皇室に男子誕生が秋篠宮以後なく、皇太子の結婚以後も子出生の気配が見えないことから、皇室典範を改正し女性天皇を容認すべきであるという議論が一九九〇年代半ばより出ていた。愛子内親王の誕生は、「祝賀」ムードのなかで、政権の有力者を含めた政治家や有名人も動員して、女性天皇容認論を再浮上させた。

そこで一つの有力な論拠として持ち出されたのが、一九九九年六月制定の「男女共同参画社会基本法」であった。同法には、あらゆる分野における男女の共同参画が謳われており、その精神からしても、女性が天皇になれないのはおかしいというわけだ。二〇〇五年初頭には、「皇室典範に関する有識者会議」(座長・吉川弘之元東大学長)が小泉首相の私的諮問機関として発足し、一一月には最終報告として、安定的な皇位継承のため女性・女系天皇を容認する方向を打ち出した。そして首相の主導により、この報告に基づく皇室典範改正法案が、二〇〇六年早々の通常国会に上程され可決される見通しであった。

天皇制をめぐる状況はこうして、父親の育児参加を実践しているかのような子育て、女性天皇の出現可能性と、「マイホーム天皇制」に続く「男女共同参画天皇制」ともいうべきものが構築されるかのような事態に至った。

ところが法案国会上程の直前、〇六年二月上旬に秋篠宮妃の第三子懐妊が報道されると、情勢は一挙に変化した。「万世一系の伝統」を掲げて、女性・女系天皇を認める法改正に反対していた勢力が勢いづいたばかりか、小泉首相はじめ法改正を推進していた政治家でさえ、「法改正は慎重を期すべし」と態度を一転させた。そこにあからさまになった、「男児誕生」の期待、男系至上主義、そして家の跡継ぎたる男児を産むことが女の責務といわんばかりの姿勢は、戦前であるかのような錯覚さえ与えるものだった。

「男女共同参画社会基本法」どころか、憲法も埒外であるかのようなこうした事態を、私たちは座視してはいられないが、しかしそれでも、女性天皇の容認や実現が究極的にめざすべきところではありえないだろう。本書でこれまで行ってきたジェンダーと家族をめぐる議論を踏まえ、女性天皇問題を私たちはどうとらえればよいのか、以下に考えてみたい(1)。

女帝論とフェミニズム

これまで女帝・女性天皇論に関しては、多様な議論がなされてきたが、なかでもフェミニズムの視点からあえて「女帝容認」の問題提起をした加納実紀代の議論には興味深いものがあった。加納は、天皇制を批判する発言をこれまで活発に行ってきたフェミニストだが、反天皇制の議論にジェンダー視点が欠落していることを批判した。加納は、「一日も早い」天皇制の廃止を願い、「女帝容認」は天皇制維持派に「塩を送る」結果になるおそれがあることを認識しつつ(加納 2002: 247-249〔初出一九九六年一二月〕)、「『女帝容認』は〈ジェンダー〉という軸で考えれば、さしあたりプラスはある」(加納 2002: 257)と判断する。

「いま皇室の女性がつねに夫の後ろを歩き、息子に敬語を使わなければならないのは、皇室典範第一条の男系男子規定によるといっていい。そして『お言葉』を読み上げる夫の側で、ただ微笑を浮かべているだけの美智子皇后や雅子妃の〈ふるまい〉は、メディアを通して日常的に流されているのだ。そのことがこの社会で生きる多くの女性たちへの差別と関係ない、などということがあるだろうか」（加納 2002: 252-253）。

加納のこの問題提起は、天皇制批判の立場を同じくするはずの陣営からも、「女性天皇」という選択肢は天皇制の延命と再編強化に与することにしかならない、という批判を受けた。これは当然の批判であり、加納自身も「基本的に異論はない」（加納 2002: 248）としているが、しかし現実問題として天皇制が右翼のみならず「国民一般」からも支持を受け、存続が少なくとも現在のところ疑われてもいない以上、男系を絶対優位とする天皇制が、男尊女卑、女性排除のイデオロギーをばらまきつづけていることを看過してはいられない。また、王室を擁するヨーロッパの諸国が、すべて女子の王位継承権を認め、とくにスウェーデン、オランダ、ノルウェー、ベルギーなどが女性差別撤廃条約に象徴されるような男女平等の思潮のなかで、性別にかかわりなく第一子に王位継承権を認めるように憲法を改正した経緯などを見れば、「女帝」否定を貫くとすれば天皇制特殊論に立たねばならず、そこで右翼の天皇制護持論と峻別することが難しくなるという加納の指摘（加納 2002: 258）も、重要なものだ(2)。

二〇〇六年に至って皇室典範改正問題をめぐって生じた状況は、こうした加納の問題提起をさらに説得的なものに見せる。しかし第5章の議論を踏まえて考えるならば、これまでの反天皇制の論理とは異なるさらに深い意味で、女性天皇を容認するわけにはいかないこと、この危機的ともいえる状況こそ天皇制に反対せねばならない理由なのだということが見えてくる。

というのは、まず第一に、女性が天皇となろうとも、天皇制は（いかなる王権も）、領域の境界を新たにしつつも、男性と女性を「公」「私」の二分に振り分けることを決してやめず、ジェンダー秩序をつねに再生産していくに違いないからだ。

大日本帝国憲法第二条・皇室典範第一条で女帝排除が公式に規定される以前の明治初年の女帝否定論の論拠は、男尊女卑を前提として、結婚すれば女帝は妻として夫に従順に従わねばならず、それは「皇帝の尊厳を損ずる」ことになり、しかも「皇婿暗々裏に女帝を動かして、間接に政事に干渉するの弊」があること、さらに「腹は一時の借りもの」で父系継承の伝統慣習からして、臣下の父親の血統が「皇家に混ずるの疑惑」を来たし尊厳を害するからというものだった(3)。おそらく現代の、天皇制維持を主張しながら女性の皇位継承を日本文化・伝統からの逸脱として反対する論者も、夫の「政治への干渉」の懸念はともかく、基本的立場は変わらないことだろう。

しかし、ジェンダーの視点からの皇后・女帝論に学ぶならば、こうした、女性ゆえに「天皇の尊厳」が傷つけられることは実はありそうにない。むしろ、「女帝」立てば、いや、その実現以前から、「女性ゆえ」「女性ならでは」の威光、徳が強調され新たな権威と尊厳のイメージが創造されていくことは間違いない。

イギリスの「帝国の時代」の象徴であったビクトリア女王は、ジェンダーをめぐるミドルクラスの価値観が行き渡った時代に登場したはじめての女性君主であったが、女性に対する男性の優位、「能動的な男性に対する受動的な女性」という近代的性別ステレオタイプが確立したからこそ、「夫と子どもたちに囲まれた」しあわせな「家庭的な女性」「良妻賢母」であることが、女王として国の頂点に君臨することの正統性を保障した。しかも女王の権力が女性というジェンダーゆえに制限されたため、政治に積極的に関与することなく、道徳的・家庭的な役割、すなわち「女性」役割に徹する立場を引き受けたことで、君主制批判が回避され、君主制のシステムの存続に寄与し象徴君主制への移行が可能となった。女王は、君主としてのパブリックな顔だけでなく、夫に貞淑で子どもたちには愛情深い母親であるという中産階級の理念とする家族生活を営む「プライベート」な面を国民に見せ、いわば君主制は「私人化」されることによって延命に成功したのだ（井野瀬 2002: 270）。

こうした歴史を踏まえるならば、かりに女性天皇が生まれたならば、その存在は、「男女平等」で「男女共同参画社会」の民主的で進歩的な日本社会の先取りの象徴として喧伝され、夫や子どもとの幸せな家庭を営みつつ、「母」であるゆえに文化や教育、福祉といった「女性領域」に関心を深く寄せる理想的な君主として表象されるだろう。

じっさい、その予兆はすでにある。二〇〇二年九月に美智子皇后は皇后としてはじめて単独海外訪問し、スイス・バーゼルで開催された国際児童図書評議会（ＩＢＢＹ）創立五〇周年記念大会でスピーチした。このことは女性天皇擁立への布石とも言われていたが、これが福祉や文化・教育への関心の深さや、子どもたちへの深い愛情を体現するような設定となっていたのは決して偶然ではなかろう。そして第二に、そうしたジェンダー秩序の維持は、異性愛を絶対のものとするヘテロセクシズムと決して分離することはなく、ジェンダー家族の規範をさらに強化温存するであろうという点において、私たちは天皇制も女性天皇も容認することはできない。

序章で述べたように、近代市民社会の中産階級の再生産を保障するものとして生まれたジェンダー家族は、ヘテロセクシズムの温床でありかつヘテロセクシズムにとって必然の制度にほかならず、王制すらその規範を取り込み、かつ先駆的模範を演じることで生き延びてきた。天皇制もその例外であるどころか、この百年以上にわたって、男/女の区分と公私の境界を同形的に捏造し、夫婦・親子の情愛溢れる家族像を現出させて生殖のセクシュアリティに一般社会の注目を集めることで、「正しいセクシュアリティ」(竹村 2002: 37)の範例を演じつづけてきたのだ。皇太子に次ぐ世代の後継をめぐって政治情勢すらが一転する異様さは、その究極の事態だ。

そうした「正しいセクシュアリティ」の現出を「象徴」として仰ぎつづけねばならないこと——天皇が女性になろうとも、その本質は変わらず、むしろ彼女の権威を担保するためにさらに「家族」の価値が高らかに謳われねばならないだろう——それが女性天皇を、そして天皇制自体を許容するわけにはいかない理由にほかならない。

女性天皇はたしかに第5章で見た明治期の美子皇后のように、あたかも女性の地位向上を体現しているかのように映るだろう。男系の伝統や「万世一系」が堂々と称えられる事態のなかではそれはなおさらである。しかしそれはフェミニズムにとっての罠である。男女共同参画時代であるがゆえに、女性天皇の擁立をめざさねばならないとしたら、それはフェミニストにとって〈悪夢〉以外の何であろうか。

2　「男女共同参画」のはらむ問題

フェミニズムの達成としての男女共同参画社会基本法

しかしここで、男女共同参画社会基本法、あるいはそれがめざす「男女共同参画社会」を、それがたんに、女性天皇容認の根拠になりかねないから、と否定しようとしているのではもちろんない。基本法の意味や意義と成果は充分に評価されねばならないし、同法を生かし今後の社会変革へ向けた努力がさらに積み重ねられねばならない。

基本法の条文を見れば、男女が性別による差別的取り扱いを受けないこと（第三条）、社会制度・慣行が男女の社会における活動の選択にたいして及ぼす影響を中立なものとするよう配慮すること（第四条）、国・地方公共団体または民間団体の政策・方針の立案及び決定への男女共同参画（第五条）と、一九七九年の女性差別撤廃条約以来、いや、フェミニズムの思想が生まれてからの二〇〇年余りの長きにわたってさまざまな地点・時代のフェミニストたちが目標としてきたことが条文化されていることに感銘を受けずにはいられない。

さらに同法は、国と地方自治体に積極的改善措置（ポジティブ・アクション）を含めた「男女共同参画社会の形成を促進」する施策を策定・実施する責任を定めている（第二条）だけでなく、「男女共同参画社会の形成に影響を及ぼすと認められる施策」を策定・実施するにあたって、「男女共同参画社会の形成に配慮せねばならない」（第一五条）と求めている。つまり一見して男女平等や「女性施策」とは無縁にみえるような施策であっても、「影響を及ぼすと認められる施策」と見なされ、政策におけるいわゆる「ジェンダーの主流化」が実現されるのである。

このような画期的な内容をもつ基本法が策定に至ったのは、女性の地位の向上をめざす国際的潮流と、政府の内外で少なからぬ女性たちが力をもちうるに至ったことに大きく負うている。

一九七五年七月のメキシコシティにおける第一回「国際婦人年世界会議」で世界行動計画が採択され、はじめて女性の地位向上の問題が国際的視野から大きく取り上げられ、七九年の女性差別撤廃条約の締結に結実した。その後も世界女性会議での取り組みは続き、それは日本国内において国内行動計画と男女共同参画推進の取り組みを促した。

基本法の策定に向けての政策が大きく進んだのは、橋本政権においてであったが、その際自民党と連立与党であった社民党と新党さきがけの三党合意には、男女共同参画を推進する国内本部機構の充実強化、女性に関する基本法の制定などが含まれていた。当時の社民党党首は土井たか子、新党さきがけの議員団座長は堂本暁子であり、橋本政権において男女共同参画を推進できたのは、「九〇年代半ばの連立政治、それも自民党よりは確実に『左』に軸心があり、かつ女性がリーダーの座を占めるという特徴をもった連立政治の、所産の一つだった」と大沢は評している（大沢 2002: 146-147）。また、猪口邦子、大沢真理氏はじめ、深い学識と実力をもつフェミニスト学者が、行革会議、男女共同参画審議会などで希有な働きを見せたことも、基本法成立のために欠かせない要件であっただろう。

このような意味で基本法は、フェミニズムの獲得した歴史的成果であることは間違いなく、画期的な内容は日本のフェミニストの誇りでもある。

政策化のアンビヴァレンス

しかし他方、基本法制定までの道筋を見ると、一九九四年の婦人問題企画推進本部（一九七五年九月設置）の男女共同参画推進本部への改組、同年六月の男女共同参画審議会（縫田曄子会長）の設置と同審議会による九六年七月の「男女共同参画ビジョン——二一世紀の新たな価値の創造」の橋本総理への答申、そして九九年六月の法制定と、一貫して基本法は、政府と官僚、政府委員を務めるフェミニストたちによって強力に推進されてきたのであり、時代を画する可能性をもつ法であるにもかかわらず、行政に関与する以外のフェミニストたちや一般の女性たちの熱心な運動や関心がそこにあったのでは必ずしもない。関係政府機関とそれに協力するフェミニストたちの強力な協働によって基本法が策定に至ったという意味では、基本法や条例へのバッシングを強める保守派の、フェミニストたちが「(男女共同参画社会基本法をたてに）官僚機構を占拠し」（林 2002: 240）、「一握りの反体制派にすぎなかった極端なフェミニストたちがいまや中央省庁や地方自治体の官僚機構に入り込み、体制派となって確固たる牙城を築き、行政・教育界に浸透しつつある」（高橋 2002: 252）という認識はまったく見当はずれなわけでもない。

しかし、行政権力と協働しつつ目標が達成されたことを、即ネガティブにとらえる必要は何もない。むしろある意味ではそれ自体、フェミニズムの達成した成果といっていいだろう。フェミニズムの運動が、「反体制」「在野」「草の根」の運動として、既成の制度や権威・権力への批判勢力として、積み重ねられてきた歴史を忘れるわけにはいかないが、権力を無前提に忌避することは「敗北」主義のそしりを免れなかろうし、第4章で論じたように、それはある場合にはジェンダーの縛りと無縁ではない。自らが権力機構の内部にも入り込み、制度・体制のなかでフェミニズム的実践と社会改革に取り組んでいくことは、すべてのフェミニストがやらねばならないわけではないにせよ、非常に重要なことだ。そしてそこでは、権力との妥協やそのための戦略・戦術も必要とされよう。

そうした当然の留保をおきながらも、しかし、基本法の理念と運用の現実には、少なくとも現在のフェミニズムの到達した地点からすれば、また、本書でここまで論じてきたところからすれば、問題点も潜んでいることを認識しておく必要がある。

先に述べたように法の成立のプロセスにおいてフェミニズムの立場から内容に深く立ち入る議論はあまりなく（それは実際のところ、本節1に述べたように基本法のねらいとするところが、これまでフェミニズム運動がめざしてきたものにほかならないからだが）、しかも各地方自治体での条例制定が進むにしたがって、基本法や条例へのバッシングや反動的な動きが強まり、フェミニストたちにとってはこうした動きに抗し基本法や条例を守ることが急務となった。保守派は各地で、固定的な性別役割分業を賛美し生物学的本質論に逆戻りするような条例を制定したり、あるいは性の自己決定権を否定するような方向に動いたりしており、新聞や雑誌における反動的言論も、この数年非常に活発化している。

このような危機的事態下では、批判的な視点を忘れることなく基本法そのものの意味や意義を論議することは容易ではないのだが、しかし基本法の理念と本質を守ることが何としても必須の事態であるからこそ、法がどのような限界をもちどのような機能を現実に果たそうとしているのかを、きちんと見極めることも必要なのではないだろうか。

「男女共同参画」のレトリック

(i)少子化対策としての男女共同参画

そもそも基本法が、「男女平等法」あるいは「女性差別禁止法」ではなく、「男女共同参画社会基本法」として成立したのは、一つには、「男女平等」の用語と概念に抵抗を示す保守派の反対にあってのことでもあったのだが、成立以前から懸念された通り、「男女共同参画」の用語が現場で及ぼす問題はすでに現実のものとなりつつある。

たとえば「男女共同参画」であるからには「性中立」な必要があると、ドメスティック・バイオレンスが「夫婦や親密な関係にある男女間での暴力行為」と定義され、女性に対する人権侵害であるという視点が希薄化されてしまう事態(笹沼 2002: 56-57)、男女共同参画条例が制定されたために「女性センター」が「県民共生センター」等となり、男性の利用率の増加が数値目標として挙げられるなど、男女間の差別や不平等を是正するという視点が忘れ去られてしまう（大津 2002: 52-56）などの事態が起こりつづけているのだ。

さらに基本法が、政府主導できたことは、この法律に大きな意味を与えている。橋本首相（当時）は基本法の策定に強いリーダーシップを発揮したが（大沢 2002: 第4章）、橋本は男女共同参画社会の実現を、橋本行革の六つの構造改革の「大きな鍵」「大きな柱」に位置づけていた。この意を受けた「男女共同参画ビジョン」答申が示した政策パッケージは、人権の確立の観点から、つまり正義ないしは公正のために要請されるばかりでなく、「転機に立つ日本の経済・社会環境に必要不可欠な構造改革の一環として、言い換えれば経済にとっての効率や便宜のためにも、提案」（大沢 2002: 54）された。基本法前文においても、

「少子高齢化、国内経済活動の成熟化等我が国の社会経済情勢の急速な変化に対応していく上で、男女が、互いにその人権を尊重しつつ責任も分かち合い、性別にかかわりなく、その個性と能力を十分に発揮することができる男女共同参画社会の実現は、緊要な課題となっている」

「このような状況にかんがみ、男女共同参画社会の実現を二十一世紀の我が国社会を決定する最重要課題と位置づけ、社会のあらゆる分野において、男女共同参画社会の形成の促進に関する施策の推進を図っていくことが重要である」

と、基本法による男女共同参画社会の実現が日本社会の成長と発展の手段であると位置づけられる。基本法や「ビジョン」策定の中心人物の一人である大沢自身も述べているように、「デフレと少子高齢化の二つの悪循環」を抜け出し悪循環を好循環に転換するために、社会政策システムを「両立支援型」に組みかえる（大沢 2002: 9）ことが基本法の重要な使命である。

女性が仕事と育児を当たり前に両立できるシステムの実現はもちろん必要であるし、「二一世紀我が国社会」の繁栄と安定を目する姿勢も、政策立案の立場として当然のことだろう。そしてそのために、性別分業・片稼ぎ型の家族のリスクや社会的コストを鋭く分析しそれを改革していこうと論ずる議論はすぐさま、「男女共同参画は家族と家計のリスクを分散させる」、男性も子育てや地域活動にもっと参加すれば「家族をよりしなやかに強く」していくことができると強調される。

つまり基本法では、共働きであろうが片稼ぎであろうが、男女の「夫婦」というペアとその子どもたちよりなる家族が、日本社会の基盤的単位であることは自明の前提とされているようにみえる。基本法は、上にも引いたように、「性別にかかわりなくその個性と能力を十分に発揮」できるような社会をめざすと明言しているのだが、「少子高齢化」や「我が国の社会経済情勢の急速な変化」への対応が前面に掲げられているために、男女が結婚し共に働き共に子育てをする、そのための政策であり法であるような印象を与える。それは、本書でこれまで論じてきたような、ジェンダー秩序を前提としたヘテロセクシズムを温存しジェンダー家族を最高の規範としつづけるものではないのかという危惧を感じずにはいられない(4)。

(ii)「男女仲良く」へのずらし、「パートナー関係」へのすりかえ

じっさい、基本法に基づいて制定された各地の条例や行動計画プランを見ると、男女が「パートナー」であるとの文言がしばしば登場したり男女の「ハーモニー」が名称に冠されたりしており、「男女共同参画」が、あたかも「男女仲良く」を意味するかのような文脈を構成している。

たとえば、制定されているプラン・計画の名称を見ると、都道府県レベルだけをとっても、「女《ひと》と男《ひと》のハーモニープラン」(秋田)、「いばらきハーモニープラン」(茨城)、「女《ひと》と男《ひと》ハーモニー21」(山口)、「ハーモニープランくまもと」(熊本)、「かごしまハーモニープラン」(鹿児島)という具合だ。また、基本理念や前文においても、「男女それぞれが個人として自立し、多様な選択の幅を広げ、お互いを尊重し合い、対等なパートナーとしてともに社会に参画していく」(東京都港区)、「男女がともに、その有する能力を発揮し、対等なパートナーとして社会に参画し、自立的な生活を営むことによって、地域の活力を維持・増進できる社会を形成するため、必要な社会機能を構築する」(千葉県松戸市)(5)などが掲げられている。

基本法自体には「パートナー」という文言こそ用いられていないが、前文の「男女が、互いにその人権を尊重しつつ責任も分かち合い」という表現には明らかに男女の対の関係が想定されているように思える。女性であれ男性であれ人権が尊重されるべきことは当然だが、人権は同性からも異性からも、あ

るいは国家や団体からも、尊重されるべきであって、なぜ「男女が互いに」でなければならないのだろうか。

また、「男女がともに対等なパートナーとして社会に参画する」とはどういうことだろうか。政治の領域での女性と男性の対等な参加はいまも実現されず（国政・地方レベルともに、先進国中で日本は女性議員の率は最低水準である）、企業での女性に対する悪質な差別はなくならない（男女平均賃金格差はなかなか縮まらず、女性にとくに派遣・パートなど不安定就労が増加している）など、例を挙げればきりがないほどに、男女には対等な機会も結果も保障されていない。

「今の社会は明確に両性間にアンバランスな力関係があるということをしっかりと認識」（北京行動綱領）し、その事態を変革していくことは何よりも重要である。しかしそれは、「男女が対等なパートナーとして社会に参画する」ことと同義ではない。「男」「女」の各カテゴリーが社会的に対等となる（そのような二分法的カテゴリーの是非はとりあえず措くとして）、の意ならばもちろん理解できるが、そのような集団的カテゴリーが「パートナー」であるとはわれわれは普通呼ばない。「日本とアメリカが安全保障上のパートナーとして」などの表現はあるが（例の是非はともかく）、その際には、両国の防衛機能であったり、「国家」という抽象概念が意味されているのであって、アメリカ人と日本人がおしなべて「パートナー」であるとは誰も思わない。

ところが男女共同参画社会基本法や条例、行動計画のなかでは、男女を対等で差別のない扱いをするべきということが、男性と女性の個々人の「パートナー関係」を意味するような表現にすりかえられてしまう。男性と女性とが「対等なパートナー」として家族や職場、あるいは各種の活動で「責任を分かち合う」場合はもちろんあるだろうが、そうした男女のパートナー関係、互いに責任を分かち合う関係が、社会一般に拡大されるべきだとは到底思えない。男女平等が真に達成されるとすれば、たとえば国政や地方政治の代表たる議員数において男女が結果的に約半数を占めることになるだろうが、それは、当たり前のことだが、女性議員たちが残りの半数の男性議員たちと「パートナー」になるということではない。

このように「男女共同参画」の意味が「男女仲良く」にずらされている事態を見ていると、基本法について解説した大沢真理氏の著書『男女共同参画社会をつくる』の表紙カバーは印象的だ（図6-1）。表紙に使われている写真の一組の男女は、しあわせそうな表情で鼻をつきあわせ顔を見合わせ、しかも写真の方向が水平なので、横になって身体を重ねているようにもみえ、非常に「私的」な男女の情緒的つながりを感じさせる（しかもなぜか人物は西洋人風である）。著者である大沢氏自身がこの写真を選んだとはとても思えず、出版社サイドの営業戦略による選択だろうが、「男女共同参画社会」のイメージがここに集約されているとすれば、「男女共同参画」はヘテロセクシュアルなカップル文化を推奨しているかのように

図６−１　『男女共同参画社会をつくる』表紙

受け取られてもしかたがなかろう。「男女仲良く」が悪いわけではないが、それは政策的努力をせずともいくらでも実現可能だろうし（DVへの対策等は別問題である）、夫婦や恋人の関係が良かろうが悪かろうが、国家や自治体に口をはさまれる筋合いはない。

こうした「男女のパートナーシップ」の強調は、いわゆるセクシュアル・マイノリティに対する抑圧ともなるだろう。想像をたくましくすれば、「男女共同」が強調されるあまり、たとえば、ゲイ・コミュニティが形成されようとすれば、「一方の性に偏っている」と非難されかねないし、女性だけの高齢者による支え合いのコミュニティをつくろうと行政の支援を求めても、「男性お断り」ならば行政の補助は受けられない、などと追い返されるかもしれない。

ヘテロセクシズムによって抑圧を受けるのは、特定のセクシュアル・マイノリティだけではない。本書終章で論じるように、クイア・スタディーズの展開を含めて、フェミニズムが達成してきた地点に立ってみれば、この二十一世紀の時点で、ヘテロセクシュアルなパートナーシップが、これほど臆面もなく、公共の目的として掲げられねばならないことに愕然とはしないだろうか。そしてそれが、女性差別を撤廃していくはずの重要な取り組みとすりかえられていることに怒りを感じないだろうか。

たたかいの領野を再確認する

もちろん、大沢氏はじめ、法の策定に尽力したフェミニストや優秀な官僚が、「男女仲良く」などということを基本法に意図したはずはない。それどころか、基本法は、ライフスタイルの多様性や個人の意思決定を重要な前提としているし、各地の条例・プランも多くが、その理念を取り入れている。じっさい、保守派が反発している要因はそこにもある。

しかしやはり基本法においては、国家による政策・制度であるゆえん――限界といってもいいし、意義といってもいいだろう――によって、国民と国富の生産・再生産の発展維持をはかる目的から、「生殖する家族」の保護を図ることが政策上の優先課題として基底にあることは当然でもある。そして法が、反対派・無関心派を含めた国民一般により理解され地方行政を通じて浸透することをめざすために、あたかもおとぎ話で用いられるレトリックのように、「反女性差別」が「男女共同参画」に、そして「男女共同参画」が「男女仲良く」にずらされていくのだろう。そのずらしに私たちはいかに抗していくことができるだろうか。

このことは、基本法・条例への保守勢力によるバッシングにどう対抗して基本法を守り、より意義のあるものにしていけるかにもつながっている(6)。バックラッシュの論理は、基本法の推進する「ジェンダーフリー」は伝統の破壊と専業主婦の否定、そして家族の絆の破壊を招くというもので、学校や家庭で「男は仕事」「女は家庭」に象徴される性別役割分業を否定・批判する教育を行うことに激しく反発している。これは第一には、「ジェンダーフリー」の含意への歪曲と誤解のゆえであるが、しかしまた一つには、基本法や条例に基づく施策が、家庭や学校に重心をおいていることの反映でもある。じっさい、基本法第六条は「家族を構成する男女」が「相互の協力と社会の支援の下に」育児や介護を行い家庭生活を営むことを求めているし、法が地方公共団体に求めている責務から、公立学校のカリキュラムや自治体の行う社会教育・住民啓発における「男女共同参画」は、推進されるべき重要項目となる。もちろん、家庭や学校が、とくに子どもたちにとってジェンダー・センシティブなトレーニングをする重要な場であり、子どもたちが将来社会の担い手になることを考えれば、戦略的重要性をもっていることは言うまでもない。しかし、家庭や学校での「男女共同参画」推進が集中的にめざされるのは、基本法の規定がそれ以外の重要領域については十分ではないからでもある。たとえば国会・地方自治体の女性議員の数を増やすためにクォータ制のような方策を導入する、企業での女性への雇用差別をなくし管理職女性を増やすためのポジティブ・アクションを進める、パート・派遣労働のような不安定就労に女性が偏りがちな現状を是正するなど、現代社会で男女の権力構造を変革していくのに急務・切実な課題は、基本法は、その精神においては盛り込まれているといえるものの、残念ながら直接には及んでおらず、それは地方レベルにおいても同様だ(7)。

この点を私たちはいま一度確認し、これから基本法をさらに生かしていく方向を考えつつ、保守派に対抗していかねばならない。これまで論じてきたように、家庭を中心的場として男女の共同参画を強調することは、「男は仕事」「女は家庭」の固定的な性別役割分業に限定されない「夫も妻も仕事・家事・育児を分担」を推進するとしても、異性愛に基づく夫婦と子どもよりなるジェンダー家族のヘゲモニーを延命させることにもなりかねない。私たちは、性別役割分業規範を批判し、かつそれを次世代の子どもたちに伝えていく努力を続けながらも、家庭内での「男女共同参画」があたかも最重要の政策課題であるかのようにしてしまうことは避けねばならない。むしろ、より困難であるゆえに放置されてきたさまざまな女性差別に対処していくことが、たとえ条文に明記されていないとしても、基本法の精神を真に生かしていくことであるのを忘れてはならない。

保守派は基本法や条例が「家族・道徳を解体するもの」として激しく反発し、フェミニストたちに対立しているが、基本法自体のはらむ異性愛主義への傾向、たたかうべき領野の曖昧さが、結局のところ、保守反動派の重視するところとの距離を近いものにしており、それが基本法の本来もつ画期的な意義と可能性をぼやけさせているのではないだろうか。私たちは、保守派のバッシングに確実に抗しながらも、基本法を守るためのたたかいがかえって基本法を矮小化させてしまうことのないよう、かつ基本法の精神をいかに十二分に活用するかをしっかりと見定めねばならない。

さらにフェミニズムが、たんに既得の権利の分配や一国内に限定された平等や解放を求める思想・運動ではあり得ず、国民国家を越えることなしにはフェミニズムの達成は不可能であることを認識するならば、「少子高齢化やデフレ」の問題を解決しより豊かな「二十一世紀の我が国社会」をつくりだす目標に対し、むやみに対立することはむろん意味がないが、そのプロセスには慎重であるべきことは論をまたないだろう。

3　私たちの課題――バックラッシュに抗して

男女共同参画社会基本法の制定によって、女性天皇擁立の可能性が生じたのは事実だろう。そしてまた、一女性の妊娠が発覚したことによってほとんど一夜にしてその可能性が揺らぐ事態となったのも、私たちの社会の「男女共同参画」をめぐる現実だろう。その現実のなかで、かりに将来、「二十一世紀の我が国社会」の方向性を決する重要事項とされる「男女共同参画社会の実現」を、「国民の象徴」にふさわしく皇室が「先取り」することになるとすれば、それは私たちにとって悪夢にほかならない。

私たちがなすべきことは単純ではない。天皇制の真の問題点を見つめていくことと、しかしその廃絶が具体的な政治課題になるにはほど遠い現状のなかで女性が皇位継承から外されていることの問題点を見逃すわけにはいかないのと同様に、女性に対する差別の撤廃のための可能性とプログラムを内包している基本法や条例を、その政策上の限界や運用のなかで起こっていく「ずれ」のために、否定し去ることは無益以外のなにものでもない。

繰り返すが、基本法は、国内外のフェミニストたちの長きにわたる真摯な努力によって達成された素晴らしい成果であり、バックラッシュを受け危機にある現実に、私たちは果敢に対応していかねばならない。行政の施策や現実課題にかかわることを躊躇して、基本法やその他の施策を見過ごしているとすれば、それはフェミニストとしての自己否定だろう。フェミニストたちの実践へのかかわり方はさまざまであっていいのはもちろんだが、本書第4章で論じたように、それでも私たちはすべて、法や制度の権力作用とは無縁でいられない。とくにアカデミズムの世界にいるフェミニストたちが、現実感覚と実践能力において希薄であるとすれば、それは十分反省されねばならないことだろう。

しかしその上で私たちは、基本法や条例のはらむ限界を忘れることなく、法や条例を超える構想力をもちつづけねばならない。バックラッシュに対抗していく努力とそれとを両立させることは容易ではなく、それがあたかも基本法や条例への「批判」と映ってしまいかねない懸念すらある。しかし、フェミニストが真の未来を見つめるとすれば、それは果敢に挑戦せねばならない課題ではなかろうか。

注

(1) 本章は、二〇〇六年二月一五日に最終的な改稿を行った。ここで扱う、女性天皇問題をめぐる情勢は流動的で、今後の推移によっては、本章で議論した内容に、齟齬や見通しの誤りも生じてくるかもしれない。しかし、女性天皇をめぐるアンビヴァレンス、天皇家として位置する一家族の性と生殖によってこれほど政治情勢が「流動」せねばならないという事態それ自体に問題の根本を見る本論の主張には、訂正の要は生じないと考えている。

(2) もっとも、ここに引用した加納の議論は、女性天皇の現実の「候補者」である愛子内親王誕生以前のもので、誕生以後は、加納は、「世襲家族を基盤とする天皇制は『個人の尊重』に反し、『人間平等』に矛盾する。そうした存在を国の『象徴』として仰ぎ続けることと時代との齟齬はますます、大きくなっているように思える」「日本の将来を開くためには、天皇制存続のために女性天皇容認をいうより、天皇制を存続させるべきかどうかについて議論すべきだろう」(加納 2002: 263〔初出二〇〇一年一二月〕)と、「将来」に焦点を当てて、天皇制廃止論をより強く前面に出した。

(3) 一八八二(明治一五)年一月に自由民権結社の嚶鳴社でたたかわされた「女帝を立るの可否」に関する討論筆記(『東京横浜毎日新聞』に同三月一四日から四月四日にわたり掲載)より(遠山校注 1988 所

収)。

(4)赤川学(2004)は、男女平等と、子育て支援・少子化対策とを直結させる政策や議論に強く異議を唱えている。本章で述べたように、後者は往々にして、女性の権利や平等の進展とうらはらでもあり、その点で赤川の指摘は妥当だろう。しかし、「子どもを安心して産み育てられる社会」の実現は、とくに本書終章で論じる通り、より深い意味でフェミニズムのめざすべき重要課題であって、「子どもが減って何が悪いか」というところで思考停止するのでは十分ではなかろう。

(5)ここにあげた港区・松戸市の二つは、「男女がパートナーとして」と掲げる条例やプランのほんの一例にすぎないことを断っておく。また、どちらの計画・プランも、女性たちを中心とした住民参加のもとに策定されており、全体として、女性の就労環境の整備や女性の健康と母性保護の促進などを含む幅広い射程をもつものとなっていることも付言しておきたい。とくに松戸市のものは、フェミニストとして素晴らしい活動の経歴をもつ船橋邦子氏が行動計画作成の座長を務めた、先駆的で高い評価を受けているプランである。

(6)バッシングに抗するフェミニストたちの努力は、地域社会や教育現場、アカデミズムの領域等々で着実に積み重ねられている。その一つの成果として、木村涼子編(2005)を挙げておく。

(7)もちろん例外もあり、契約を希望する事業者に対し、男女共同参画の推進状況の届け出を求めるなどして、企業でのポジティブ・アクションの取り組みを促すよう条例に定めた自治体もある(内閣府男女共同参画会議基本問題調査会 2003)。

終章　ジェンダー家族を超えて——フェミニズムの課題——

ここまで近現代のジェンダーと家族・国家をめぐる歴史をふりかえって、男女二元論のジェンダー秩序と、それを基盤とする家族は、近代以降の国家にとって不可欠であったことを見てきた。フェミニストたちは、女性にかけられた抑圧に抗し、果敢なたたかいを続けながらも、しばしば男女二元論的なトリックにはまり込み、ジェンダー家族という装置を延命させてきた。いまの私たちをとりまく状況が容易なわけでは決してないけれども、私たちは彼女たちの積み上げた歴史の上に、少なくともそのことを自覚しうる位置に達している。ジェンダー家族のはらむ問題をさらに掘り下げるとともに、ジェンダー家族に拠らない新たな生の基盤を私たちはどのようにつくりだすことができるのか、その可能性を探ることが終章の課題である。

1　ジェンダー家族の深層

ケアのジェンダー化の進行

第二波以降のフェミニズムは、The personal is political.「個人的なことは政治的なこと」を合言葉として、「公」と「私」を分ける境界は自明なものではないこと、家族や夫婦、恋人など親密で「私的」な領域・関係に権力関係が潜んでいること、それが社会全体にある性差別の根源をなしていることを暴いてきた。それは、文化的・社会的性差として構築されるものとしてのジェンダーの概念を明確にし、女性学というジェンダーの視点からの知を創出した。それは、国際政治すら動かし、一九七九年の女性差別撤廃条約の締結にもつながり、日本においても、男女雇用機会均等法や男女共同参画社会基本法の制定に至った。

しかし本書で述べてきた通り、私たちがめざすべきは、夫婦やカップルの関係を対等なものにしたり、企業に女性がもっと進出できるための「男女平等」だけではない。フェミニズムは長らく、「男性中心」社会を批判しその変革をめざしてきたが、真の問題は、男性中心主義と見えているものを支えている二元論的ジェンダー秩序であり、男女の性的結びつきを唯一のありうべき絆としてそれに基づく家族を国家と社会の基礎的単位とするジェンダー家族の仕組みそのものだ。

「男女共同参画社会」がめざす、「男も女も仕事と子育て」は、たしかに、社会が現在直面している問題の解決のための一方策だ。少子化や離婚の増加などを家族の危機と見るかどうかは別としても、育児や高齢者のケアの責任が女性にほとんど担われる一方で、家族を経済的に支えるために過労死の危険さえ知りながら企業戦士として働く男性の姿は、緊急な取り組みを要する問題であることは言うまでもない。だから、男性をもっと家庭に、女性はもっと職業進出し社会参加を、というのは納得できる方向のようにみえる。

しかし、現実に起こっていることは何だろうか。高齢者ケアについては、介護保険法をはじめとした社会福祉政策によって、妻や嫁に介護の全責任がかかってしまう事態は緩和されたようにみえる。しかし、代わってケアを実際に担うようになったのは、ヘルパーとして低賃金のパートの形態で働く女性たちであり、フルタイムなみに長時間働いても、賃金は生計を立てるにはとても足りない。つまり、高齢者ケアの社会化は、ケアという仕事をますますジェンダー化し、かつ「安価」なものにしているのではないか。また、高齢社会のさらなる進行に対応するために、外国人労働者をケアの現場へ導入することが検討されているが、それもまた、貧困な立場の女性へのケアの押しつけにほかならない。

また、「男性を家庭に帰す」という方向はどうだろうか。育児休業制度の普及により、女性では育児休業の取得率は七〇％を超えたが、男性の取得は相変わらず低調で一％にも満たない（二〇〇四年）。しかし、この数字に誰も驚きはしないだろう。リストラ・不況と、基幹労働者にとっても雇用の不安定なこの時代に、妻子を扶養する責任を負っている者の誰が、職業上の地位をマイナスにしかねないようなリスクを冒せるだろうか。また、経済的な必要性という以上に、職業上の達成や自己実現に重い価値をおく私たちの社会で、「仕事に打ち込む」ことは、男性だけでなく女性にとっても魅力的なのだから、職業上の能力があればあるほど、「家庭に帰り」、育児や家事、介護に精を出すという選択肢は取られにくくなるだろう。介護保険法等福祉が充実するほど、ケアが「家族の愛情からなされること」ではなく家族外の女性に担われる安価な労働になってしまうほど、その傾向は強まるだろうし、子どもを産み育てることのハードルは、ますます高くなっていくだろう。

必然としての依存・ケア——人間観の転換

(i)二次的依存＝ケアの悪循環

フェミニスト法学者マーサ・ファインマンは、アメリカの現状から、この点をさらに鋭く見通し、夫婦で職業と家庭責任を対等に分担する「家庭内男女平等化」戦略は、失敗を運命づけられていると論ずる（Fineman 1995＝2003: 184）。ファインマンによれば、この戦略は夫婦間の緊張を増大させ、「解決」はより経済的に不利な立場にある女性に育児負担を押しつけることでしか得られない。じっさいグローバリゼーションの進行とともにアメリカのキャリア重視のホワイトカラー家庭では、合法・非合法を問わず貧しい諸国からの移民女性に家事育児を頼る傾向が進んでいる。

しかも、それらの移民女性労働者はしばしば、故郷に子どもや家族を残し、そのケアを自分の母親や自国内のさらに貧しい地方から出稼ぎにやってくる女性に委ねている。そしてその女性はまた、子を誰かの手に残して都市にやってきているのである。アーリー・ホックシールドは、このように母親業が国境を越えて商品化され、貧しい国・地域の子どもたちから奪われていると指摘している（Hochschild 2003: 189-190）(1)。

そこでファインマンは、ケアが公正に、そして十分に担われるためには、国家が保護すべき対象としての家族を、男女の性愛で結ばれた夫婦とその子よりなる単位（これをファインマンは「性的家族」sexual family と呼ぶ）ではなく、「母子」の対とすべきだと論ずる（Fineman 1995 = 2003: 第9章）。注意すべきは、ここでの「母子」関係とは、育児・介護など、ケアする者とケアされる者のメタファーであり、「母」は女性や産んだ母親には限らないし、一対一とも限らない(2)。

ファインマンのこの議論の根本には、人にとって、社会にとって、育児や介護等のケアとはいったい何なのかを問う問題関心がある。ファインマンは次のように論ずる。

いかなる人間にとっても、赤ん坊、病人、高齢者、障害者というような、誰かに依存しケアされねばならない状態を経ることは、必然だ。そして依存が必然である限り、その人々をケアするケアの担い手が存在することも、また必然だ。これまで、母・妻・娘・嫁、あるいは姉妹といった立場から、女性がもっぱらその役割を担ってきたが、こうしたケアの担い手は、ケア役割とケアする行為がもたらす資源の必要から、その人自身が依存の状態に陥りがちだ(3)。つまり、ケアに時間を割かねばならないために経済的自立は難しくなり、そもそもケアをするということには資源が必要なわけだから、ケアを担う者には、ケアの対象と自分とを賄ってもらう必要、つまり「二次的依存」が生じる。

育児では子が成長すればケアの必要はなくなるし、高齢者や病人等の介護にも終わりがある。しかしケアの担い手は、ケアする必要のためにしばしば公的領域から切り離されているため、ケアの期間が終わっても自分を支える経済的力をもつことは難しく、今度はその人自身が、健康であっても依存の状態から抜け出せないということが起こりがちだ。子育てを終えた女性が中高年になって就労しようとしても、自らの生計を立てうる職に就くのが非常に難しいのは、私たちが日常的に知っている通りだ。

こうして考えてみれば、ケアを担ったがために、一生にも続きかねない「依存」の状態に追いやられるとは、言ってみれば「踏んだり蹴ったり」の、いかにも理不尽なことだ。

しかし、こうしたケアと依存の悪循環と理不尽さは、これまでそのようにはっきりと認識されることはほとんどなかった。それは、夫・父親が妻子を養うのは男として当然、妻・母が子どもや家族の面倒を見るのは当たり前であると同時に自然な愛情の表れだという「常識」によって、家族のなかに覆い隠されてきたのだ。そのことがケアを担う者にどれほどの犠牲を払わせてきたかは、はかり知れない。そもそも、人間にとって必然の依存をこのように私的に処されるにまかせているのは公正ではないとファインマンはいう。しかし、ファインマンのいう夫婦対を核とする性的家族、本書でいうところのジェンダー家族を不可避の前提とする限り、依存の私事化は必ず生じる。

ケアを与え与えられる関係が「家族」の単位として保護され、特別に優遇される社会的権利が与えられれば、二次的依存は解消されることになる。ファインマン自身は、ここで具体的な案を挙げてはいないが、ケアの単位に対する十分な金銭的な保障をはじめとして、ケアの担い手への職業教育や社会的機会の優先的付与なども考えられるだろう。ケアをひとりでではなく複数で共に行えるための方策や手だてが当然のこととして用意されるべきだろう。そもそも、一組の男女とその子を正統的で排他的な単位とすることで、ケアを担う者をひとり孤立させてきたことは、ジェンダー家族の仕掛けてきた罠であると言ってもいい。そしてその罠は、ケアの必要性にかかわらず、あらゆる人々にとって、親密さの紡ぎ方や暮らし方の自由を縛ってきた。

またもちろん、必要に応じてケアが公的に保障される制度は不可欠である。そもそもどんなケアの単位であれ、そこでケアが完結するような排他的な単位である必要はまったくない。

こうしてケアすることが、いかなる意味においても個人生活を犠牲にすることではなく、人々の間の豊かなつながりを生み、しかも将来にわたってもむしろ優遇されるのだとすれば、実子にかぎらず育児や、身近な高齢者、障害者などのケアを積極的に担おうとする状況も十分生まれてくるのではないだろうか。

(ii)去りゆく者をケアする意味

いま一般に目標とされている家事負担の「家庭内男女平等化」戦略では、対象となるのはせいぜい育児についてであって、高齢者のケアはその埒外として外部化と社会化がもっぱら追求されてきた。そのなかで、公的な高齢者福祉が整備されるのは善であると当然視されてきたが、人が年老いて依存の状態になったとき、身近な人、長い人生のなかで深いかかわりをもった人には「世話にはなりたくないから」と、介護や看護を専門とする福祉労働者にケアをまったく委ねてしまうのは、ほんとうに望ましいことなのだろうか。その人と深いかかわりをもってきた人々にとってもそうなのだろうか。

北欧の高度福祉社会を範として、身体介護の負担を福祉労働者に委ねるからこそ、家族は情緒的ケアをするのが可能となると論じられている。それは、介護の現場でいま起こっている諸問題をみれば、正しいに違いない。しかし、人間にとって依存の状態を経ることが必然であると考えるならば、ケアすることを特定の専門家に委ねてしまうことが究極的に追求すべき「福祉」であるのかどうか疑念も生じる。

これまで私たちが妻や嫁、娘など家族に介護を頼ることに反対し、介護の社会化を求めてきたのは、それが義務的に課せられたりあまりに過重になったり、あるいはいったん高齢親族の介護を担ったならば、全面的な責任を負うこととなって自身の生活が根本から覆されかねないおそれがあったからだ。しかし、血縁の有無にかかわらず、人生のなかで親しいかかわりをもった者が弱り衰えて世界から去ろうとするとき、何らかのかかわりやつながりを保ちながら別れを告げたいと考えるのも、私たち人間にとっての一つの「必然」ではなかろうか。

たとえは悪いかもしれないが、生活を共にしたペットが病み衰えたとき、動物であっても私たちはすぐに見捨てたりはしないはずだ。また、近年室内で身近にペットを飼うのが非常に盛んで、都会のマンションやアパートでの一人暮らしであっても、手間をいとわずペットを飼う人が少なくないのは、小さな生き物に触れその成長や生活を共にしたいと思うからではなかろうか。この世に生を享けた柔らかで小さく弱い存在を「かわいい」と感じ、慈しみたいと思うのも、私たち人間にとっての「必然」ではないだろうか。

それなのに、育児や介護の責任が偏在し、あまりに個別的に私化されていることから生じる負担の過剰さのおそれのために、私たちは育児や介護から距離をおこうとする。これは、私たちから「ケアする権利」が奪われているといえないだろうか。

これまでフェミニズムは、「近代的個人」や「個の自立」といった概念がはらむ男性中心的なバイアスを批判してきた。人や労働力の再生産が私的領域に押し込められ、それらを捨象して公的領域に存在しうる者だけが自立した個人であるかのような思考の不合理さを私たちはすでに知っている。いま私たちが到達しようとしているのは、必然の依存によって、過去から未来へ、世代から世代へ、ケアする者とされる者とのつながりのなかに在るということが「個」の本質だという認識ではなかろうか。だとすれば、ケアを与えられること、担うこと、そのどちらもが、過重な負担や生活の圧迫のおそれなどのために私たちから奪われることがあってはならないのではないだろうか。

男性中心家族の解体

ファインマンは、夫婦や男女カップルの形態を否定しているわけではなく、それが、制度的に保護され正統とされる特権的なかたちであることを問題にしているだけだ。したがって、男女が夫婦として共に暮らし子どもを育てる家族の形態も、選択肢としてあるのは当然だ。だがそのとき、ファインマンの提唱する「家族」では、母親が育児ケアの役割を担うとしても、母子のケア単位に対して、経済的扶養をするのは夫・父ではないということだ。つまり彼は、家族生活において、「妻子のために一生懸命働き稼ぐ」ことによって家族員の資格が保障されるわけではない。生物学上の父である以上にその単位にかかわりたいとすれば、母である女性との情緒的関係を良好に維持し、子のケアをともに担うことが必要とされるわけだ。

いまも「父親の育児参加」が謳われているが、実際のところ多くの家庭で、父・夫は、子どもを風呂に入れるなどの「育児参加」はしているとしても、むしろ食事や身の回りの世話など、自身の「ケア」を妻に担ってもらっているのではないか。「二次的依存」状態にあるために、妻は夫の世話をするのを当然のこととしてきたが、夫に経済的依存をする必要がないとすれば、必然も報酬もないケアを「愛情」によって当然視して続ける女性は多くはないに違いない。

他方、夫・父親は、妻子を経済的に扶養する責任がないとしたら、基幹労働者としての地位を維持確保すべく個人生活を犠牲にして長時間労働にひたすら励む動機は薄れるだろう。母子対を国家・社会が保護するとすれば、社会保障費や税金は現在よりもはるかに高額になるだろうが、これは負担者にとっては、妻・子の扶養のための支出が置き換えられるにすぎないはずだ。しかし多くの男性たちは、「社会のすべての母子対」を支える高額の社会保障費を負担するために働くよりも、賃労働の時間を減少させ親しい者たちのケアにかかわって「家族」の一員であろうとするだろう。それはきっと、いま育児休業を取得する男性の数よりはるかに多いだろう。

さらに、依存が必然である時期に保護が与えられるとすれば、そうではない時期の「依存」が、現在の私たちの社会でいかにジェンダーと世代の「自然」を装って家族のなかに覆い隠され、政治的に保護されているかがあからさまになるだろう。

たとえば、「子ども」ではあっても、一八歳くらいまで成長すれば、必然としてのケアが必要なわけではない。高等教育を受けるとしても、生活費・学費を含めた奨学金が当人に与えられればよいだけだ。しかし現実には私たちの社会では、一八歳どころかそれをはるかに過ぎても子は家族の囲いのなかで手厚く保護され世話をされている。しかもその依存は、税控除の対象となるなど、法的に優遇されているのだ。こうした依存が不合理なのは明らかであり、しかもそれは、保護されている側の者にとって、社会的成長と人間としての自由をむしろ阻害しているのではないだろうか。

しかしこうした家族像、つまり一家の主としての夫や父に養われなくとも、家族メンバーが生きていける社会を実現することを想像してみれば、男性たちは、「扶養家族」がなくなることに安堵するよりもむしろ猛反発するに違いない。政治家も、「家族の安定」が損なわれると批判するだろう。つまりそれだけ、いまの私たちの社会は、国家に支えられた家父長的家族、男性中心の家族を自明とし優遇しているということなのだ。

2　新しい「家族」のこころみ

コレクティブ・ハウジング、シェア・ハウジング

ファインマンの議論はあくまで試論であり、アメリカにおいて、困窮する低所得シングル・マザー世

帯が、増加しているだけでなく、保守的傾向が強まり「家族の価値」が強調されて、なおのこと差別にさらされているという、日本とは異なる事情を背景としている。じっさい、国家がこうした法制度を打ち立てると期待するのは、非現実的でもあるだろう。また、性愛の単位ではなく、ケアの単位が保護される家族とされるべきであるというアイディアに賛成するとしても、ファインマンがいうような「国家」の保護対象とするべきだという考え方には抵抗もあるだろう。国家の保護は、干渉や管理になりうることもまた、十分予想できるところだからである。

しかし他方、現実に、これまでの自明の家族の枠を越える暮らしはさまざまなかたちで登場している。一つは、コレクティブ・ハウジングと呼ばれるこころみで、食事や娯楽を共にする共有スペースをもち、十数から数十のさまざまなタイプの世帯が共住する集合住宅の形態だ。居住者たちは、会議をひんぱんにもって住まい方について取り決め、何らかの役割を担ってともに生活をつくりあげる。住宅の建築段階から参加するものもある。日本ではまだ数えるほどだが、スウェーデンやデンマークなど北欧では、行政の支援もあって、かなり普及した居住形態となっている（小谷部 2004）。これは、住まいの水準が向上してきたかのようにみえて、実は家族や個人が地域から孤立し生活の質はけっして豊かとはいえないことを反省し、豊かな人間関係のなかで充実した暮らしをつくりあげていこうとする注目すべきこころみだ(4)。ケアの仕組みを整備した、高齢者によるコレクティブ・ハウジングのこころみも数多く出てきている（島村・寺田 2004 ほか）。

また、とくに若い人たちの間で出てきているのが、シェア・ハウジングだ。ゲストハウス、フラットシェア、ルームシェア等々いろいろな呼称があるが、一つの大きな家や建物に、多くの場合は小さな個室を持って、台所やリビング、玄関を共有して複数の人々と共同生活をする暮らし方だ。友人どうしで自然発生的にそのような暮らし方をする場合もあるが、こうした物件を専門に扱う業者も発生していて、もと社員寮や社宅・学生寮であったものが利用されている（今 2004）。

欧米ではこのような暮らし方は若い人たちの間では当たり前で、親元から離家した後の生活費節約に役立っているが、それだけでなく、若者たちの社交性を高め、政治的・社会的活動を促進する機能も見逃せない。

まだまだ少数ではあれ、日本の若い人たちがこうした暮らし方を好み始めたのは、安くつくからというだけでなく、同居人たちとのふれあいがある、というのが大きな理由だ。共有スペースがあり共同で行わねばならない生活の雑事があるからこそ、多少のトラブルも含めて、交流が生まれる。自室のなかで一人ですべてが完結するワンルーム・マンションでの暮らしは、「わずらわしさ」がないとはいうが、それは社会性を身につけ仲間や友人をつくる機会を奪ってきたのでもある。幼い頃から個室を与えられプライバシーを確保して育ってきた豊かな世代だからこそ、こうしたライフスタイルに魅力を感じるようになったのかもしれない。これもまた、多様な「親密なかかわり」を創造する一つの注目すべきこころみだ。

選びとる家族――ゲイ・ファミリー

欧米のゲイ・コミュニティのフィールドワークからは、また別のタイプの興味深い新たな家族のありようの実践が報告されている。

日本では、同性愛者の権利を求める運動はまだ進展しておらず、特定の飲食店やショップ以外では、同性愛者の集住する地域・コミュニティもいまのところない。しかし、欧米では、この二〇年来、ゲイ・ムーブメントの展開とともにとくに都市では、ゲイ・レズビアンの人々が集住する地域コミュニティが発展し、活発な文化的・政治的・社会的活動が進行している。アメリカでは、サンフランシスコやワシントンDCなど大都市のみならず、ノーザンプトンのレズビアン・コミュニティ、プロヴィンスタウンのゲイ・コミュニティ（いずれもマサチューセッツ州）など小都市にもそれは広がっている。

アメリカの人類学者ウェストンは、サンフランシスコのゲイ・コミュニティでのフィールドワークによって、ゲイ・レズビアンの人々が紡いでいる豊かで多様な家族的つながりを見いだし、それを「選びとる家族」family of choice と表現した（Weston 1991）。

これまでゲイ・レズビアンは、「家族とは無縁」の人々というステレオタイプ的な見方をされてきた。それは、一方には同性をパートナーとする限り、結婚にも生殖にも無縁であるという思い込みがあり、他方では同性愛者への偏見と差別のために、同性愛者としてカミングアウトしたことで親きょうだいなどから絶縁され、生まれ落ちた家族との関係が断ち切られるというケースもあるからだ。

しかし、ウェストンの見いだした知見は、こうしたイメージを大きく覆すものだった。たしかに、上の二つの事情はいまもしばしば妥当するが、実際は、それにもかかわらず――いや、それだからこそ――非常に多様で密接な家族的関係がクリエイティブに創られ維持されているのだ。

まず、彼女・彼らは、以前の結婚による子どもがいることが多いし、養子や人工授精などの生殖技術によって子どもをもうけていることも珍しくない。その場合、遺伝的親ではないほうのパートナーは、「自然」な血縁関係を前提にしないからこそ、もう一人の母親・父親としての役割を積極的に担う。

また、カップル関係が解消されることもよくあるが、前パートナーとの関係が性的なものではなくとも親しい関係として継続し、新しいカップルの家族・親族（kinship）と呼べるようなつながりを保っていくことがしばしばある。これは、異性愛カップルの場合、離別・離婚し、再婚や新たなパートナー関係がつくられると、前パートナーとは、性関係がないとしても、親密な関係を保つのはむしろ「ご法度」として意図的に避けられる傾向があるのとは、大きく異なっている。現在共住しているか、性的なつながりをもっているかどうかにかかわらず、「家族」family のゆるやかな境界のなかで、子どもの世話や日常的な買い物を頼む、病気のときの看病をする、車の貸し借り、引越しの手伝い、休暇や休日・祭日を一緒に過ごす、といった日常的な交渉が実践され、そのことがまた、ゲイ・ファミリーの豊かな親密さのつながりを維持再生産しているとウェストンはいう。

さらに、ロンドンのゲイ・コミュニティでフィールド調査をしたウィークスらも同様に、ゲイ・コミュニティにおける恋人と友人の連続性を指摘し（Weeks, Heaphy & Donovan 2001: 56）、性愛関係にない友人と共に住むかたちの家族関係も広がっている（Weeks, Heaphy & Donovan 2001: 97）ことを報告している。また、ウェインストックらは、レズビアンにおける親密さに注目し、彼女たちの関係が、親密さ（intimacy）とセックス、友情と恋人関係の区分を再考するユニークな視点を提供していると述べている（Weinstock & Rothblum 1996: 15）。

ゲイ・コミュニティにおいては、友情と定義するにせよ、「家族」と呼ぶにせよ、それが制度や血縁によって課されたものでないがゆえに、人々にとってつねに、「重要な他者」とコミットメントしあうことが内面化されたモラルとなっているとウィークスらは指摘する（Weeks, Heaphy & Donovan 2001: 73）。そうすることは、現代の非異性愛者たちにとって、個の自律と相互のかかわりを両立させるための、何よりも重要な鍵なのだ（Weeks, Heaphy & Donovan 2001: 76）。

むろん、ゲイ・レズビアンの人々の多様性を忘れるわけにはいかない。サンフランシスコであれロンドンであれ、地域コミュニティの中にももちろん、さまざまなライフスタイルや個性があるのは言うまでもなく、ウェストンたちの扱った事例を過度に一般化するわけにはいかない[5]。また、こうした「選びとる絆」の重視は、同性愛者たちが現在も、マジョリティである異性愛社会からさまざまな抑圧を受けるがゆえに、協力と連帯が必要とされるからでもあろうし、加えて、エイズ禍によって、ゲイ・コミュニティが危機にさらされたために、助け合い支え合うメンタリティとモラルが発生したという事情もある（Weeks, Heaphy & Donovan 2001: 74）。

しかしそれでもやはり、ゲイ・ファミリー研究の知見は、「家族」の可能性を教えている。つまり、ジェンダー二元論が不可避に突きつける、一対一の対の相補性に基づく異性愛カップルを核とするジェンダー家族は、その構造ゆえに閉鎖的・排他的でありがちなのではないか。同性カップルに、嫉妬や排他的な親密さへの欲求がないわけではもちろんないだろう。しかし、男女二元論を前提として夫婦があたかも対の完全性をなすというような幻想から免れていること、さらには、経済的扶養とケアや情緒的配慮を交換するという、通常の性別役割規範が同性カップルには自明の前提とはされていないことから、関係の排他性を免れやすいのではないだろうか。さらに、生殖のセクシュアリティを自明としないゆえに、血縁が人間関係の絆の核心をなすという強迫観念から相対的に自由でありうるのだろう。

3　「セクシュアリティ」の脱構築

強制的モノセクシュアリティ compulsory monosexuality

前節で、ゲイ・レズビアンの人々の、これまでの家族の枠組みにとらわれない新しい家族生活の実践について述べたが、しかしジェンダー家族の規範は、彼らにも無縁ではない。

ゲイ・レズビアンの権利を求める運動の成果によって、アメリカのいくつかの州やフランス、スペイン、イギリス等ヨーロッパの諸国で、同性カップルの婚姻や、婚姻に準じる法的権利が認められるようになった。しかし、同性婚の権利の追求は、ここまで論じてきたことからすると、両義的意味をもっている。

同性カップルであるゆえに婚姻の権利から排除されて、さまざまな不利益を余儀なくされる差別を解消することは当然求められるべきことだが、しかし他方、異性愛の範疇からは外れるとしても、婚姻という制度によってカップルの結びつきが法によって保障され、これまで婚姻が保持してきた特権がさらに拡げられることは、これまでのジェンダー家族のシステムのさらなる延命ともなる。

同性婚の権利を推進するのに、「同性であろうが異性であろうが愛し合っていることに変わりはないのだから、結婚できないのはおかしい」としばしばいわれる。長らく同性愛が、「逸脱」「異常」のラベリングをされ、差別を受けてきたことを考えれば、「異性愛と同じく真面目な愛」であることを強調することによって同性愛差別を廃し、「一つのノーマルな性愛のかたち」として社会的認知を得ようとする努力がなされることは理解できるところだ。そうした主張は、政治戦略的な動機からだけではなかろう。性的指向のいかんにかかわらず、近代以降確立した家族の規範から誰もまったく自由ではありえないのだ。

しかし、パートナーが同性であるだけで異性愛夫婦と変わらない「ノーマル」な形態なのであるというロジックは、もともと同性愛を排除してきたところのジェンダー家族の規範を強化することに、容易につながってしまう。

近年のクイア理論の議論は、この点に興味深い視点を提供してくれる。クイア理論は、ゲイ・レズビアン・スタディーズとも重なるけれども、バイセクシュアル、あるいはトランスセクシュアルの立場から、これまでのゲイ・レズビアン研究に対する批判もなされている。

それらの議論によると、そもそも、バイセクシュアルの存在自体が、ゲイ・レズビアン研究のなかでは不可視化されてきた。バイセクシュアリティはある場合には、ゲイであることを肯定できない「隠れホモ」として、またある場合には「見境なしに誰とでも寝る」性的に無節操な人物としてとらえられ、ソロー、メルヴィルなどの文学者についての解釈に見るように、ある人物に同性の性関係があるとき、バイセクシュアルである可能性を捨象し、ゲイであると見なされてきた。つまり、バイセクシュアリティは、同じセクシュアル・マイノリティとされるなかでも無視され、我有されてきたのだ（James 1997: 217-240）。

バイセクシュアリティへのこうした差別の背後には、性愛の対象のジェンダーは単一で固定的であるべきだという観念がある。ゲイ・スタディーズは、かつて、同性愛への偏見に抗して、「自然」と見なされる異性愛は、同性愛を禁忌とした近代以降の性の政治のなかで強迫的につくりだされたものにすぎないと、「強制的異性愛」compulsory heterosexuality という概念を見いだした。それは、「ノーマル」なセクシュアリティの下位にホモセクシュアリティをとらえるのではなく、異なるセクシュアリティの種類としてヘテロセクシュアリティとホモセクシュアリティを等値する画期的な概念であった。

しかし、バイセクシュアリティを不可視にするとすれば、それは今度は、個人に対し一つだけの性的対象の選択を強要する「強制的モノセクシュアリティ」compulsory monosexuality のイデオロギーに陥っているにほかならない。強制的なモノセクシュアリティは、性の二元論に基づくセクシュアリティの差別の基盤なのだ（James 1997: 217-240）（6）。

性別二元論への挑戦と性同一性「障害」

トランスセクシュアル、トランスジェンダーをめぐる議論や運動も、ジェンダーの規範を超えようとする挑戦を続けているが、ここにもやはり両義的な問題が横たわっている。

ようやく日本でも性別適合手術（いわゆる性転換手術）が合法的に実施されるようになり、二〇〇三年には、性同一性障害者の性別の取り扱いの特例に関する法律（以下、「特例法」）が制定されて、戸籍上の性別変更が可能となった。これは、これまで自らの性別に違和感をもちさまざまな困難を抱えて生活せざるを得なかった人々にとって、一面では「福音」である。これらの措置がなければ、海外での性別適合手術を受けざるを得ず、その後もパスポートや免許証などの性別記述が変わらない限り、さまざまな社会生活上の不便を強いられてしまう。

しかし、このようなかたちでの「救済」は、他面では、さまざまな問題をはらむものである。第一に、こうした「救済」を受けるためには、性自認に違和感があることを、「障害」として、疾患・病気として、医学的に認定されねばならない。それは、二元的な性別の枠組みを強化することでもある。

じっさい、性別に違和感をもつ人々のうち、性別適合手術やホルモン治療などの医療措置を望まない人々も多くいる。多くのトランスジェンダーの人々の声からわかるように、「男である」「女である」ことに違和感を抱くとしても、それは必ずしも「女になりたい」「男になりたい」とは限らない（例として蔦森 1993; 佐倉 2004）。それなのに、男でなければ女になれ、というのは、トランスジェンダー、トランスセクシュアルの人々に対する新たな抑圧にほかならない。「障害」をつくっているのは、「男」

「女」に固定的な役割行動を求め、男／女の二分に人を分けずにはいない社会のほうなのだ。

「特例法」は、家族という観点からも問題をはらんでいる。すなわち、特例法の適用を受けるのは、性別適合手術等を受けているほか、婚姻関係になく子がいないことという条件があるのだ。つまりこれは、同性婚を認めない、すなわち、婚姻における異性愛主義を揺るがせないという決意であると同時に、男親としての父・女親としての母、そしてその間の子からなる家族、という家族規範と戸籍制度を固守しようとするものである（筒井 2003: 177）。同性婚の権利要求と同様に、これまで差別され困難を抱えてきた人々の権利の回復をはかることが、婚姻至上主義や性別二元論といったマジョリティの価値規範に全面的に同化することを通じてしか許されないのだとすれば、それは真の意味での権利回復ではありえない。

この批判は、現実に制度変更からメリットを受けられる人々を批判したり妨害したりしようというものではない。必要に迫られて緊急避難的にであれ、問題を感じることなく受け入れるのであれ、それまで遠ざけられ認められていなかった法制上の立場を享受する権利が妨げられてよいわけはない。しかし、マイノリティの視点を閉ざしてマジョリティに同化させられることは、当事者にとって重要な利益を得られるとしても、全面的なハッピーエンドであるわけではない。たとえば性別適合手術で「女」になったからといって、あらゆる面で女性と同じという扱いをすることは当事者の利益では決してない。適合以前のその人の歴史を失わせることは、その人のアイデンティティを逆に貶めることであろう(7)。

ここまで、ゲイ・レズビアン、バイセクシュアル、トランスセクシュアル等のセクシュアル・マイノリティといわれる人々による、ジェンダーと性、家族をめぐる規範への挑戦を見てきた。マイノリティの主張や運動は、マジョリティの側にいる人々にとって、「彼らの権利は認めるが自分には直接関係ない」としばしば考えられがちだ。フェミニズムの挑戦も、それが「女の問題」にすぎないのではないことを広く社会に訴えるのにずいぶん長い年月を要したのは、本書で論じてきた通りだ。しかしフェミニズムが実証しつつあるように、「無関係」な者は誰もいない。

たしかにセクシュアル・マイノリティは、ジェンダー家族の埒外にあからさまに放逐されてきたがゆえに、その縛りと抑圧を敏感に感じとり果敢な挑戦を行っている。しかしジェンダー家族のなかに包摂されて「保護」されてきた者とは、いったい誰だろうか。「保護」のようにみえる拘束と縛り、「普通」であることの不自由さと閉塞。そこから脱する挑戦を行おうとするのに、「マイノリティ」と「マジョリティ」の境界はすでにない。

4 「家族」の多様な可能性

「最後に頼れるのは家族」――この言葉を私たちは何度聞かされてきただろうか。その意味するところは、いくら親しく大切な存在であろうと、友人や非血縁者では「あてにならない」ということだ。

しかし、なぜ最後に頼れるのは友人ではなく家族なのだろうか。

たとえば長く交渉を絶っていても、本人に万一のことがあれば、残った遺産や財産は血縁者に相続される。非常に信頼し親密なかかわりをもちつづけている友人が重い病に倒れて意思決定ができなくなったとき、本人に代わって最善の治療法の選択をしてやりたくとも、医師や看護師は、長年音信不通であっても血縁者に決定を委ねる。また、本人は親や子から独立していたいと強く願っていても、生活に困窮して生活保護を申請しようとすれば、戸籍に記載のある親や子、さらには、兄弟姉妹が、「扶養義務のある親族」として、特別のつながりのあるべき存在として出てくる。

しかしこれらの事態はすべて、法や制度がそのように定めているために生じていることだ。つまり、もっとも親しいかかわりであるべき者として血縁者や姻族を規定し、他の関係を排除し貶めて、人のもちうる絆や関係の範囲を限定しているのは、当人の意思でも実態でもなく制度なのだ。言い換えれば、社会の法が私たちに、血縁や婚姻の狭い範囲に縛られ生きていくべく命じているのだ。

だとすれば、法制度のかたちをとるかどうかは別としても、私たちは、私たちの生を支える仕組みを変革することで、多様なつながりを「最後に頼れる」家族として選びとり維持することができるはずだ。

先に触れたファインマンは、彼女のいう新しい家族の境界は、依存的な存在を中心に引かれ、この単位は社会資源に対して正統な請求権をもつ、という。そしてこのことによって、社会は、必然的な依存を認識し、受け入れる社会になるであろうし、ケアとケアの担い手を評価し、援助を惜しまない社会になるだろうという（Fineman 1995 = 2003: 254）。本章でもいくつかの、生まれ落ちた家族の枠や性愛で結ばれた関係を超えて、互いの生を支援しあうつながりについて述べてきたが、これらは、今後広がるべき可能性のごく一部だろう。

そうした新しい関係・空間を表現するのに、「親密圏」というタームを用いる論者もある。斎藤純一によれば、単身者にとっての親密な関係性、単婚に閉じない性的な関係性、あるいはまた、小家族の関係性に加えて人々がもちうる配慮・ケアの関係性などを描くのに、『家族』という言葉はすでにふさわしい言葉ではない」（斎藤編 2003: v）(8)。

どのようなタームを用いて表現するかはともあれ、性愛や血縁のみを親密さの基盤と考えることは、私たちの紡ぎうる親密さの範囲や可能性を限定してきた。私たちにはいま、その障害を取り去っていく可能性が広がっている。また私たちは、運命的に投げ込まれ選ぶことのできない関係を生きつつも、それとは異なる親密な関係も選択し創造することができる。自ら選びとりつくりだす関係があることで、選ぶことのできない関係もまた、創造的に紡ぎ直すこともできるはずだ。

本書を通して見てきたように、近代のフェミニストたちは、自らにかけられた縛りに抗して人間の新たな関係性と社会とをつくることに力を注いできた。いま私たちに、彼女たちの遺産の上に、私たち自身のこころみを実現していくときが来ている。

注

（1）これについてホックシールドは、かつての帝国主義の時代においては、金銀等の資源が収奪されていたのに対し、グローバル化の進んだ現代の世界では、愛情が収奪されていると述べる（Hochschild 2003:

194)。また、ドゥルシラ・コーネルは、公正な育児労働とはどのようなものでありうるかを探ろうと、家事労働者協同組合で活動する女性移民を調査し、結局のところ「公正な育児労働」はありえない、育児のプライバタイゼーションそのものが不公正にならざるを得ないと結論を得ている（Cornell 2002 = 2005: 203)。

（2）とくに日本の文脈では、喩えとしてであれ、「母子」という表現を使うことによって、母性神話をますます強化してしまうのではないかという懸念があるだろう。しかし、子どもはその始原、母親の一部として内部に在るという意味で、「母」の概念は私的家族の中で依存が隠蔽されていることを体現する力をもつ（Fineman 1995 = 2003: 258）というファインマンの議論は説得力がある。それに加え、「母子」というメタファーは、ケアを必要とする者とケアを与える者の関係は、往々にして単純な自由意思によっては選択できないという意味合いにおいても、ふさわしいのではないだろうか。

（3）依存する者とケアの担い手の間では、愛情とケアの責務がしばしば分かちがたいことにまつわる問題を、フェミニスト倫理の観点から考究したものとしてKittay（1999）がある。

（4）コレクティブ・ハウジングの先駆的ケースとして、東京都荒川区東日暮里「かんかん森」がある。HP http://www.chc.or.jp/kankan.html/

（5）実際、子どもをもうけた後パートナー関係を解消したレズビアン・カップルで、親権や訪問権を争う訴訟も起こっている。

（6）この点からいえば、バイセクシュアリティという用語と概念そのものも見直される必要がある。バイbiという語幹は、男・女の二つを意味する性別二元論そのままであり、セクシュアリティという用語も、生物学的・生殖的意味合いを含み込んでいる。そこでゴールドマンは、bisexuality を pansensuality という語に置き換えることを提案している（Goldman 1997: 217-240）。

（7）上記のような特例法批判について、「性別二元論などの意味秩序に関する社会文化的次元での紋切型糾弾」にすぎず、「公共的な法＝制度上の改革実践」につながらないとの反批判がある（谷口 2004: 103）。しかし、上に述べた通り、当事者にとっても、彼ら・彼女らを排除してきた構造をそのままにそこに同化を強制されることは、新たな抑圧を重ねることであることを考えれば、谷口の批判は当たっていない。さらに特例法については、法学の立場からも、法整合性に欠け当事者の利益を損なうという批判が出されており（二宮 2003）、特例法が「公共的な法＝制度上の改革実践」につながっているかはこの点からも疑わしい。

また、谷口（2004）および東（2003）は、トランスセクシュアルの人々に対して、フェミニズムの立場から、彼・彼女らを生きにくくしている家父長制への抵抗を促すジャニス・レイモンド（Raymond 1979＝1994）の議論を批判し、レイモンドが「女の染色体と解剖学的特徴を持って生まれてきた女と、トランスセクシュアルは同じ歴史を共有していない。……手術によってトランスセクシュアルが人工的な女の性器を与えられるとしても、この社会で女として生まれるという歴史が与えられるわけではない」と述べるのを、「文化本質主義」に陥っていると厳しく批判している（谷口 2004: 108）。

しかし、トランスセクシュアル女性が、生まれながらの女とまったく同じ身体をもつことは不可能だ、という自明のことが、なぜ本質主義なのだろうか（もちろん、生まれながらの女がすべて均質の身体をもつと考えるとすればそれは本質主義にほかならない。また「生まれながらの女」とトランスセクシュアル女性は異なる、ということは、そこに何らかの価値の差があると自動的に含意するものではないことも言うまでもない)。誕生時に付与された性別に違和感を抱き、自らの意志によって新たに「女」の性別を獲得した者を、生まれながらの女と同一であると見なすとすれば、それは逆に、トランスセクシュアル女性の個別性を認めない、きわめて単純な男女の二元論に陥ってしまう。

トランスセクシュアル当事者でレイモンドを批判しているパトリック・カリフィア自身、これまでトランスセクシュアルの政治活動は、再適合後のトランスセクシュアルの社会的受容の獲得に焦点を絞って、トランスセクシュアルができるだけ容易に性別適合が受けられ、「あたかも誕生時にあてがわれた性であるかのように、希望するジェンダーで生活することを受け入れさせる」ことを目標としていたが、最近では、分極化した二元的ジェンダーシステム全体に疑問を抱き、「男性」「女性」というジェンダーのカテゴリーの外側に生きる権利を要求するようになったと指摘している(カリフィアほか 2005: 396)。この指摘からも、谷口の議論には再考の余地があることは明白ではないだろうか。

(8)「家族」という言葉は、新たな関係・空間を表現するのにすでにふさわしくないという議論は、一面では説得力がある。しかし、家族史研究が教えるように、家族という語自体、指し示す意味内容を歴史的にさまざまに変えてきているのであるから、今後、「家族」の語に再び新たな意味を与えることは十分可能なのではないだろうか。

あとがき

本書は、一九九六年に上梓した『戦略としての家族――近代日本の国民国家形成と女性』（新曜社）から続く、「ジェンダー・家族・女性」を鍵とする、一貫した問題設定のもとにあり、さらに二〇〇一年の『実践するフェミニズム』（岩波書店）でセクシュアリティをめぐる現代的問題に焦点をあてて行った議論を発展させたものでもある。これらとは違い本書は、章によって扱う時代やテーマにかなり幅のある一冊となった。目次だけを見れば、いかにも雑多なように見えるのではないかと少し心配だが、「生きる基盤」のオルタナティブと、それを可能にする社会を構想し、そのためのフェミニズムの課題を探るという問題意識のもとに、歴史と現在を行き来した、その成果である。

各章の元になった文章を書いた時点では、本書に帰結する問題意識をつねに自覚的にもっていたわけではなかった。しかし、それらを再構成し練り直して、こうして一冊にまとめてみると、自分がこの数年書いていたもの、考えていた一連のことが、実は一つの核の周りをゆっくりと回りながら中心に近づいていたのがあらためてよくわかる。遅々とした遠回りだったかもしれないが、自分にとって必要なプロセスだったのだと思う。そしてまた、このかたちにいま結実したことは、最近の社会と政治の状況からも、ふさわしいことだったように思える。

本書のこころみがどれだけ成功しているかは読者に判断を委ねるが、いくらかでも思いを共有していただける方があればとても嬉しい。

これまでに著したものと同様、本書も、多くの人たちから学び、教示・示唆をいただいたことに多くを負うている。すべてのお名前を挙げることは残念ながらできないが、とくに挙げさせていただくなら、まず、Jiweon Shin（愼芝苑）とは、本書第1章の元となった論文をともに構想した。本書に収録したようなかたちに私が論文を書き換えることを快諾してくれたことに謝意を表しておきたい。そもそも、一九九五年の一年間を過ごしたハーバード大学での彼女との出会いと数知れぬディスカッションから、「新しい女」や近代の女性性について比較研究するアイディアが始まった。マンチェスター・メトロポリタン大学のMargaret Beethamは、二〇〇〇年七月に同大学で開催されたFeminist Forerunnersシンポジウムに私を招いてくれ、「新しい女」をさらに国際的な文脈で検討していくきっかけを与えてくれた。さらに、舘かおる・伊藤るり（お茶の水女子大学）、Tani Barlow（ワシントン大学）氏らを中心とする「東アジアの植民地近代とモダンガール」研究会は、「新しい女」についての問題関心の時間軸を拡げる方向性を示唆してくれた。

同志社大学アメリカ研究所でのジェンダー研究会では、メンバーの池田啓子・上野千鶴子・荻野美穂・西川祐子さんたちから、フェミニズム運動や女性史、近代家族論、女性兵士問題など多岐にわたるテーマについて、さまざまな刺激と示唆をもらった。本書の元になった論文には、この研究会でアイディアを報告し議論をしていただいたものもある。

また、とくに本書で扱った現代的問題については、大阪大学大学院のゼミでの院生たちとのディスカッションから知見と刺激をずいぶん得ている。その痕跡は、本書のあちらこちらにあるはずだ。

立命館大学の岡野八代さんからは、本書全体の構成についてアイディアをいただいたほか、いくつかの章について有益なコメントをもらった。さらに彼女には、この本の範囲を超えて、いつも与えてくれている刺激と支えに感謝したい。

それからもちろん、今回もずいぶんお世話をかけた新曜社編集部の小田亜佐子さんに謝意を記しておきたい。

最後になったが、「新しい家族」を構想する想像力を私に与えてくれている身近な人々に、ありがとう。

私たちをとりまく政治・社会の状況はたしかに厳しさ・複雑さを増し、フェミニズムの課題も多様だ。雇用の周縁に追いやられるのはすでに女性だけではなく、他方では、イラクに派兵される自衛官から、あっという間に落下傘で国会議員になるエリートまで、女性の「活躍」の場も広がってきた。未婚化・

非婚化がいわれて久しいが、それは一方では女性の自由な生き方が実現している表れでもあり、他方、今後いっそう、女性の貧困が問題化してくることを予測させもする。すでに、「女性」というひとくくりでは何の問題も語れないのは明らかだが、しかし、だからこそ、ジェンダーの視点を欠いてはどんな問題もリアリティを失うということがますます如実になってきた。

男女共同参画社会基本法や条例への反発、「ジェンダーフリー」バッシングに見るように、いわゆる「保守」「反動」的な動きによって、これまでの先達の努力のおかげで獲得されたものすら、押し戻され踏みにじられようとしている。しかしその状況は、長く「自然」視されてきた「家族」やジェンダーを問うことが、すでに誰にとっても無縁ではないことをこそ示しているのだと思う。そんな今だから、大胆な将来の構想をはぐくみ、新しい挑戦をすることが可能になるはずだ。次の一冊をまとめる時が来たら、本書での構想が徐々に「現実」に近づいている、そんな報告ができるように願っている。

二〇〇六年一月　雪の京都にて

牟田　和恵

初出一覧

ジェンダー・家族・女性のポリティクス――序にかえて

書き下ろし

第1章　「新しい女」の政治――逸脱する女性像の比較分析

「近代のセクシュアリティの創造と新しい女―比較分析の試み」（愼芝苑との共著）『思想』八八六号　一九九八年の牟田担当部分

Muta Kazue "The New Woman in Japan: Radicalism and Ambivalence towards Love and Sex". In A. Heilmann and M. Beetham, eds. *New Woman Hybridities: Femininity, Feminism and International Consumer Culture, 1880-1930*. London: Routledge, 2003.

Muta Kazue "The New Woman and the Modern Girl in Japan: The Deviant Sisters". In *Interim Report on the Research Project 'Modern Girl and Colonial Modernity in East Asia'*, 2005: 41-50（科学研究費補助金中間報告書）お茶の水女子大学、二〇〇五年三月

以上をあわせて改稿

第2章　「良妻賢母」思想の表裏――近代日本の家庭文化とフェミニズム
青木保ほか編『女の文化』（近代日本文化論8）岩波書店　二〇〇〇年

第3章　フェミニズム運動再考――日本における二つの波をめぐって
原題「近代日本のフェミニズムの再検討―メディア・イベントとしてのフェミニズム」三宅義子編『日本社会とジェンダー』（叢書現代の経済・社会とジェンダー 第3巻）明石書店　二〇〇一年

第4章　女性と「権力」――戦争協力から民主化・平和へ
『感情・記憶・戦争 1935-55年(2)』（岩波講座 近代日本の文化史 第8巻）岩波書店　二〇〇二年

第5章　家族国家観とジェンダー秩序
網野善彦ほか編『ジェンダーと差別』（岩波講座 天皇と王権を考える 第7巻）　岩波書店　二〇〇二年

第6章　「男女共同参画社会」の女性天皇問題とフェミニズムの悪夢
原題「男女共同参画時代の〈女帝〉論とフェミニズム」『現代思想』二〇〇三年一月号

終章　ジェンダー家族を超えて――フェミニズムの課題
書き下ろし

著者紹介

牟田　和恵（むた・かずえ）

京都大学大学院（社会学専攻）修了
現在，大阪大学大学院人間科学研究科教授
専門は社会学・ジェンダー論
主著に『戦略としての家族――近代日本の国民国家形成と女性』新曜社，1996年；『実践するフェミニズム』岩波書店，2001年；『ジェンダーで学ぶ社会学』（共編著）世界思想社，1998年；訳書に，ドゥルシラ・コーネル『女たちの絆』（共訳）みすず書房，2005年；シーダ・スコッチポル『現代社会革命論――比較歴史社会学の理論と方法』（監訳）岩波書店，2001年などがある

新曜社

ジェンダー家族を超えて
近現代の生/性の政治とフェミニズム

初版第1刷発行　2006年4月20日

著　者　牟田　和恵
発行者　堀江　洪
発行所　株式会社　新曜社
101-0051　東京都千代田区神田神保町2-10
電話（03）3264-4973（代）・FAX（03）3239-2958
E-mail：info@shin-yo-sha.co.jp
URL：http://www.shin-yo-sha.co.jp/

印　刷　長野印刷商工（株）　Printed in Japan
製　本　イマヰ製本
ISBN4-7885-0982-2　C1036

人名索引

事項索引

た行

な行

参考文献

赤川学 2004『子どもが減って何が悪いか！』ちくま新書
秋山洋子 1993『リブ私史ノート――女たちの時代から』インパクト出版会
天野正子 1995「『解放』された女性たち―『男女《ジェンダー》』の五五年体制へ」中村正則ほか編『戦後思想と社会意識』岩波書店
Ardis, Ann 1990 *New Women, New Novels: Feminism and Early Modernism*. New Jersey: Rutgers University Press.
有地亨 1976「近代日本における民衆の家族観―明治初年から日清戦争頃まで」福島正夫編『家族：政策と法 7　近代日本の家族観』東京大学出版会
アリス・ベーコン 1994『華族女学校教師の見た明治日本の内側』久野明子訳　中央公論社
Boles, Janet K. & Diane Long Hoeveler eds. 1996 *Historical Dictionary of Feminism*. Lanham, Maryland and London: Scarecrow Press. ＝ボールズ，ホーヴェラー編 2000『フェミニズム歴史事典』水田珠枝・安川悦子監訳　明石書店
文玉均 1997「現代韓国女性の生活における儒教の影響」井上和子訳　林玲子・柳田節子監修『アジア女性史――比較史の試み』明石書店
Butler, Judith 1990 *Gender Trouble: Feminism and the Subversion of Identity*. New York and London: Routledge. ＝ジュディス・バトラー 1999『ジェンダー・トラブル――フェミニズムとアイデンティティの攪乱』竹村和子訳　青土社
Caine, Barbara 1997 *English Feminism 1780-1980*. New York: Oxford University Press.
パトリック・カリフィア，サンディ・ストーン，竹村和子，野宮亜紀 2005『セックス・チェンジズ――トランスジェンダーの政治学』石倉由・吉池祥子ほか訳　作品社
Cohen, Marcia 1988 *The Sisterhood: The True Story of the Women Who Changed the World*. New York: Simon & Schuster. ＝マーシア・コーエン 1996『世界を変えた女性たち――現代アメリカ・フェミニズム史』森泉弘次・

宮内華代子訳　誠信書房
Connell, R.W. 1987 *Gender and Power: Society, the Person and Sexual Politics*. Cambridge, UK: Polity Press. ＝ロバート・コンネル 1993『ジェンダーと権力——セクシュアリティの社会学』森重雄ほか訳　三交社
Cornell, Drucilla 2002 *Between Women and Generations: Legacies of Dignity*. New York: Palgrave. ＝ドゥルシラ・コーネル 2005『女たちの絆』岡野八代･牟田和恵訳　みすず書房
Davis, Mary 1999 *Sylvia Pankhurst*. London: Pluto Press.
Deuchler, Martina 1992 *The Confucian Transformation of Korea*. Cambridge, MA: Harvard University Press.
Donzelot, Jacques 1977 *La police des familles*. Paris: Minuit. ＝ジャック・ドンズロ 1991『家族に介入する社会——近代家族と国家の管理装置』宇波彰訳　新曜社
Dower, John W. 1999 *Embracing Defeat: Japan in the Wake of World War II*. New York: W. W. Norton & Co./New Press. ＝ジョン・ダワー 2001『敗北を抱きしめて——第二次大戦後の日本人』三浦陽一･高杉忠明･田代泰子訳　岩波書店
DuBois, Ellen Carol 1978 *Feminism and Suffrage: The Emergence of an Independent Women's Movement in America, 1848-1869*. Ithaca: Cornell University Press.
DuBois, Ellen Carol ed. 1998 *Woman Suffrage and Women's Rights*. New York: New York University Press.
江原由美子 1985『女性解放という思想』勁草書房
江原由美子 1990「フェミニズムの 70 年代と 80 年代」江原由美子編『フェミニズム論争』勁草書房
江原由美子 2001『ジェンダー秩序』勁草書房
江刺昭子 1997『女のくせに——草分けの女性新聞記者たち』文化出版局
Evans, Sara M. 1989 *Born for Liberty: A History of Women in America*. New York: Free Press. ＝サラ・エヴァンズ 1997『アメリカの女性の歴史——自由のために生まれて』小檜山ルイ･竹俣初美･矢口祐人訳　明石書店
Faderman, Lillian 1991 *Odd Girls and Twilight Lovers: A History of Lesbian Life in Twentieth-Century America*. New York: Columbia University Press. ＝リリアン・フェダマン 1996『レスビアンの歴史』富岡明美・原美奈子訳　筑摩書房

Fineman, Martha A. 1995 *The Neutered Mother, the Sexual Family, and Other Twentieth Century Tragedies*. New York: Routledge. =マーサ・ファインマン 2003『家族、積みすぎた方舟——ポスト平等主義のフェミニズム法理論』速水葉子・穐田信子訳　学陽書房
Foucault, Michel 1976 *La volonté de savoir*. Paris: Gallimard. =ミシェル・フーコー 1986『性の歴史 1　知への意志』渡辺守章訳　新潮社
Foucault, Michel 1984 *L'usage des plaisirs*. Paris: Gallimard. =ミシェル・フーコー 1986『性の歴史 2　快楽の活用』田村俶訳　新潮社
藤目ゆき 1998『性の歴史学——公娼制度・堕胎罪体制から売春防止法・優生保護法体制へ』不二出版
藤田省三 1966『天皇制国家の支配原理』未来社
深谷昌志 1966 = 1990『良妻賢母主義の教育』増補版　黎明書房
福田英子 1904 = 1958『妾の半生涯』岩波文庫
福島鋳郎 1985『戦後雑誌発掘——焦土時代の精神』新版　洋泉社
福島四郎 1935 = 1984『婦人界三十五年』不二出版
Germer, Andrea 2000 "Continuity and Change in Japanese Feminist Magazines: Fujin Sensen（1930-31）and Onna Erosu（1973-82）", *Gender and Modernity: Reading Japanese Women's Magazines*, Kyoto: International Research Center for Japanese Studies: 101-130.
Giddens, Anthony 1992 *The Transformation of Intimacy: Sexuality, Love, and Eroticism in Modern Society*. Stanford CA: Stanford University Press. =アンソニー・ギデンズ 1995『親密性の変容——近代社会におけるセクシュアリティ，愛情，エロティシズム』松尾精文·松川昭子訳　而立書房
Goldman, Ruth 1997 "Who is that Queer Queer? Exploring Norms around Sexuality, Race, and Class in Queer Theory". In Brett Beemyn & Mickey Eliason eds., *Queer Studies: A Lesbian, Gay, Bisexual, and Transgender Anthology*. New York: New York University Press.
林道義 2002「『男女平等』に隠された革命戦略」『正論』8 月号 : 240-249.
Heilmann, Ann & Margaret Beetham eds. 2003 *New Woman Hybridities: Femininity, Feminism and International Consumer Culture, 1880-1930*. London: Routledge.
東優子 2003「トランスジェンダーと性別と医療」竹村和子編『"ポスト"フェミニズム』作品社

平塚らいてう 1955『わたくしの歩いた道』新評論社
平塚らいてう 1971『元始、女性は太陽であった』上下　大月書店
平塚らいてう 1973『元始、女性は太陽であった』完　大月書店
Hochschild, Arlie R. 2003 *The Commercialization of Intimate Life*. Berkeley: California University Press.
堀場清子 1988『青鞜の時代――平塚らいてうと新しい女たち』岩波新書
一番ヶ瀬康子 2002「解説」高良とみ『高良とみの生と著作第 3 巻　女性解放を求めて―― 1925-35』青木生子・一番ケ瀬康子・高良留美子編　ドメス出版
市川房枝 1974『市川房枝自伝　戦前編（明治 26 年 5 月―昭和 20 年 8 月）』新宿書房
市川房枝 1994『市川房枝集　第 5 巻』日本図書センター
伊田久美子 1998「闘う―フェミニズムの思想と運動」伊藤公雄・牟田和恵編『ジェンダーで学ぶ社会学』世界思想社
井手文子 1956「日本における婦人参政権運動」『歴史学研究』201 号 : 12-23.
井手文子 1987『平塚らいてう――近代と神秘』新潮社
井野瀬久美恵 2002「表象の女性君主」網野善彦編『天皇と王権を考える　第 7 巻　ジェンダーと差別』岩波書店
井上輝子 1985「戦後女性史略年表」『ジュリスト総合特集　女性の現在と未来』有斐閣
石田雄 1954『明治政治思想史研究』未来社
石月静恵 1996『戦間期の女性運動』東方出版
伊藤幹治 1982『家族国家観の人類学』ミネルヴァ書房
伊藤康子 1974『戦後日本女性史』大月書店
James, Chiristopher 1997 "Denying Complexity: The Dismissal and Appropriation of Bisexuality in Queer, Lesbian, and Gay Theory." In Brett Beemyn & Mickey Eliason eds. *Queer Studies: A Lesbian, Gay, Bisexual, and Transgender Anthology*, New York: New York University Press.
Jordan, Ellen 1983 "The Christening of the New Woman: May 1894." *The Victorian Newsletter* No.63, Spring.
海後宗臣編 1960『臨時教育会議の研究』東京大学出版会
海後宗臣 1965『教育勅語成立史の研究』厚徳社
神近市子編 1956『サヨナラ人間売買』現代社

鹿野政直 1998「ファシズム下の婦人運動—婦選獲得同盟の場合」総合女性史研究会編『日本女性史論集 10　女性と運動』桜井由幾・早川紀代編　吉川弘文館＝1979『家永三郎教授退官記念論集 2　近代日本の国家と思想』三省堂
加納実紀代編 1995『コメンタール戦後五十年第 5 巻　性と家族』社会評論社
加納実紀代 2002『天皇制とジェンダー』インパクト出版会
唐沢富太郎 1956『教科書の歴史——教科書と日本人の形成』創文社
春日キスヨ 1989『父子家庭を生きる——男と親の間』勁草書房
片野真佐子 1996「近代皇后像の形成」富坂キリスト教センター編『近代天皇制の形成とキリスト教』新教出版社
片野真佐子 2001「初期愛国婦人会考—近代皇后像の形成によせて」大口勇次郎編『女の社会史—— 17-20 世紀：「家」とジェンダーを考える』山川出版社
片野真佐子 2002a「昭憲皇太后は着せ替え人形か」『論座』3 月号 : 126-133.
片野真佐子 2002b「近代皇后論」網野善彦編『天皇と王権を考える第 7 巻　ジェンダーと差別』岩波書店
片野真佐子 2003『皇后の近代』講談社
河口和也 2003『クイア・スタディーズ』岩波書店
川本静子 1999『〈新しい女たち〉の世紀末』みすず書房
川村邦光 1996『セクシュアリティの近代』講談社
川島武宜 1957『イデオロギーとしての家族制度』岩波書店
Kim, Yung-Chung 1976 *Women of Korea: A History from Ancient Times to 1945*. Ewha Women's University Press.
木村涼子 1989「婦人雑誌にみる新しい女性像の登場とその変容」『教育学研究』56 巻 4 号 : 11-21.
木村涼子編 2005『ジェンダー・フリー・トラブル——バッシング現象を検証する』白澤社
北原恵 2001「正月新聞に見る〈天皇ご一家〉像の形成と表象」『現代思想』29 巻 6 号 : 230-254.
Kittay, Eva F. 1999 *Love's Labor: Essays on Women, Equality and Dependency*. New York: Routledge.
洪郁如 2001『近代台湾女性史——日本の植民地統治と「新女性」の誕生』勁草書房

国立教育研究所編 1974a『日本近代教育百年史 3』国立教育研究所
国立教育研究所編 1974b『日本近代教育百年史 4』国立教育研究所
今一生 2004『ゲストハウスに住もう── TOKYO 非定住生活』晶文社
小谷部育子編著 2004『コレクティブハウジングで暮らそう──成熟社会のライフスタイルと住まいの選択』丸善
小山伊基子 1998「『赤瀾会』から『八日会』へ」総合女性史研究会編『日本女性史論集 10　女性と運動』桜井由幾・早川紀代編　吉川弘文館
小山静子 1991『良妻賢母という規範』勁草書房
小山静子 1999『家庭の生成と女性の国民化』勁草書房
久布白落実編 1935『矢嶋楫子伝』警醒社書店・不二屋書房
栗原涼子 1993『アメリカの女性参政権運動史』武蔵野書房
松本三之介 1969『天皇制国家と政治思想』未来社
McCarthy, J.D. & Zald, M.N. 1977 "Resource Mobilization and Social Movements: A Partial Theory." *American Journal of Sociology* 82-6: 1212-1241.
明治文化研究会編 1927『明治文化全集 17』日本評論社
明治文化研究会編 1929『明治文化全集 8』日本評論社
Meyer, Philippe 1977 *L'enfant et la raison d'État*. Paris: Seuil.
南博編 1965『大正文化』勁草書房
三浦綾子 1989『われ弱ければ──矢島楫子伝』小学館
宮嶋博史 1995『両班──李朝社会の特権階層』中公新書
溝口明代・佐伯洋子・三木草子ほか編 1992, 1994, 1995『資料日本ウーマン・リブ史　1-3』松香堂書店
水田珠枝 1973『女性解放思想の歩み』岩波新書
文部省大臣官房総務課編 1969『歴代文部大臣式辞集』大蔵省印刷局
Mosse, George L. 1985 *Nationalism and Sexuality : Middle-class Morality and Sexual Norms in Modern Europe*. Madison : University of Wisconsin Press. ＝ジョージ・モッセ 1996『ナショナリズムとセクシュアリティ──市民道徳とナチズム』佐藤卓巳・佐藤八寿子訳　柏書房
村田静子 1959『福田英子──婦人解放運動の先駆者』岩波新書
牟田和恵 1996『戦略としての家族──近代国民国家の形成と女性』新曜社
牟田和恵 2001『実践するフェミニズム』岩波書店
Muta Kazue 2003 "The New Woman in Japan: radicalism and ambivalence

towards love and sex." In Ann Heilmann & Margaret Beetham eds. *New Woman Hybridities: Femininity, Feminism and International Consumer Culture, 1880-1930*. London: Routledge.
Muta Kazue 2005 "The New Woman and the Modern Girl in Japan: the Deviant Sisters." In *Interim Report on the Research Project, Modern Girl and Colonial Modernity in East Asia:* 41-50.（科学研究費補助金中間報告書　お茶の水女子大学　2005 年 3 月）
牟田和恵 2005「親密なかかわり」井上俊・船津衛編『自己と他者の社会学』有斐閣
内閣府男女共同参画会議基本問題調査会 2003『女性のチャレンジ支援策について』内閣府男女共同参画会議基本問題調査会
中山道子 1998「論点としての女性と軍隊」江原由美子編『性・暴力・ネーション』勁草書房
成田龍一 2001『〈歴史〉はいかに語られるか―― 1930 年代「国民の物語」批判』日本放送出版協会
日本大学精神文化研究所 1974-1991『教育勅語関係資料　第 1-15 集』日本大学精神文化研究所
日本史籍協会編 1931 = 1968『岩倉具視関係文書　第五』東京大学出版会
二宮孝富 2003「戸籍の性別記載の訂正は可能か (2) 特例法を読む」『戸籍時報』559 号 : 2-17.
西清子編 1985『占領下の日本婦人政策――その歴史と証言』ドメス出版
西川祐子 2000『近代国家と家族モデル』吉川弘文館
落合恵美子 1989『近代家族とフェミニズム』勁草書房
落合恵美子 1994『21 世紀家族へ――家族の戦後体制の見かた・超えかた』有斐閣
岡満男 1981『婦人雑誌ジャーナリズム――女性解放の歴史とともに』現代ジャーナリズム出版会
岡野八代 2002『法の政治学――法と正義とフェミニズム』青土社
岡野幸江・長谷川啓・渡辺澄子編 2002『買売春と日本文学』東京堂出版
大木基子 1982「明治社会主義運動と女性」女性史総合研究会編『日本女性史第 4 巻　近代』東京大学出版会
Oldfield, Audrey 1992 *Woman Suffrage in Australia: A Gift or a Struggle?* Cambridge, UK: Cambridge University Press.
長志珠絵 1999「天子のジェンダー―近代天皇像にみる『男らしさ』」西川

祐子·荻野美穂編『共同研究　男性論』人文書院
大沢真理編 2000『21 世紀の女性政策と男女共同参画社会基本法』ぎょうせい
大沢真理 2002『男女共同参画社会をつくる』ＮＨＫブックス
大津典子 2002「条例はできたけれど―どこへ向かう富山の男女共同参画」『インパクション』131 号 : 52-56.
朴容玉 1997「韓国女性の抗日民族運動推進とその特性」文純実訳　林玲子・柳田節子監修『アジア女性史――比較史の試み』明石書店
Raymond, Janice G. 1994 *The Transsexual Empire: The Making of the She-Male*. 2nd Edition, New York: Teachers College Press. = 1979 Boston: Beacon Press.
Rothman, Sheila 1978 *Women's Proper Place*. New York: New York Books.
Ryan, Barbara 1992 *Feminism and the Women's Movement*. New York: Routledge.
斎藤純一編 2003『親密圏のポリティクス』ナカニシヤ
佐倉智美 2004『明るいトランスジェンダー生活』トランスビュー
佐々木英昭 1994『「新しい女」の到来――平塚らいてうと漱石』名古屋大学出版会
笹沼朋子 2002「わたしたちは黙っていない―愛媛県男女共同参画推進条例制定をめぐって」『インパクション』131 号 : 56-60.
笹沼朋子 2004『女性解放の人権宣言――愛媛県男女共同参画条例批判』創風社出版
Scott, Joan W. 1988 *Gender and the Politics of History*. New York: Columbia University Press. = ジョーン・スコット 1992『ジェンダーと歴史学』荻野美穂訳　平凡社
Scott, Joan W. 1996 *Only Paradox to Offer: French Feminists and the Rights of Man*. Cambridge, MA: Harvard University Press.
Sedgwick, Eve K. 1985 *English Literature and Male Homosocial Desire*. New York: Columbia University Press. = イヴ・セジウィック 2001『男同士の絆――イギリス文学とホモソーシャルな欲望』上原早苗·亀澤美由紀訳　名古屋大学出版会
瀬川清子 1972『若者と娘をめぐる民俗』未来社
関哲夫編 2001『男女共同参画社会資料集――世界・日本の動き，そして新たな課題へ』ミネルヴァ書房
関根弘 1995「娼婦考」加納実紀代編『コメンタール戦後五十年第 5 巻

性と家族』社会評論社
島村八重子・寺田和代 2004『家族と住まない家——血縁から〈暮らし縁〉へ』春秋社
Shin, Jiweon 2002 "Social Construction of Idealized Images of Women in Colonial Korea: the New Woman and Motherhood." In Tamara L. Hunt & Micheline R. Lessard eds. *Women and Colonial Gaze*. New York: Palgrave: 162-173.
Showalter, Elaine 1977 *A Literature of their Own : British Women Novelists from Bronte to Lessing*. Princeton, N.J.: Princeton University Press. ＝エレイン・ショウォールター 1993『女性自身の文学——ブロンテからレッシングまで』川本静子ほか訳　みすず書房
Smith-Rosenberg, Carroll 1985 *Disorderly Conduct*, New York and Oxford: Oxford University Press.
Solomon, Barbara 1985 *In the Company of Educated Women*. New Haven: Yale University Press.
外崎光広 1986, 1989『日本婦人論史』上・下　ドメス出版
鈴木裕子 1986『フェミニズムと戦争——婦人運動家の戦争協力』マルジュ社
鈴木裕子 1996「解説」鈴木裕子編『日本女性運動資料集成第 1 巻』不二出版
鈴木裕子 1998「解説」鈴木裕子編『日本女性運動資料集成第 9 巻』不二出版
高畠通敏 1995「戦後民主主義とは何だったか」中村政則ほか編『戦後日本：占領と戦後改革第 4 巻　戦後民主主義』岩波書店
高橋史朗 2002「非常事態に陥った日本」『正論』8 月号 : 250-261.
武田佐知子 1997「男装の女帝」大阪外国語大学女性研究者ネットワーク『女の性と生』嵯峨野書院
竹村和子 1997「資本主義とセクシュアリティ—〈ヘテロ〉セクシズムの解体へ向けて」『思想』876 号 : 71-104.
竹村和子 2000『フェミニズム』岩波書店
竹村和子 2001「『資本主義社会はもはや異性愛主義を必要としていない』のか」上野千鶴子編『構築主義とは何か』勁草書房
竹村和子 2002『愛について——アイデンティティと欲望の政治学』岩波書店

多木浩二 1988『天皇の肖像』岩波新書
田中寿美子編 1975『女性解放の思想と行動　戦前編』時事通信社
谷口功一 2004「ジェンダー／セクシュアリティの領域における『公共性』へ向けて」『思想』965 号 : 102-122.
遠山茂樹校注 1988『日本近代思想大系 2　天皇と華族』岩波書店
蔦森樹 1993『男でも女でもなく――新時代のアンドロジナスたちへ』勁草書房
筒井真樹子 2003「消し去られたジェンダーの視点―「性同一性障害特例法」の問題点」『インパクション』137 号 : 174-181.
Tuttle, Lisa 1986 *Encyclopedia of Feminism*. Halow, Essex England: Longman. ＝リサ・タトル 1991『フェミニズム事典』渡辺和子監訳　明石書店
上野千鶴子 1990「解説（三）」小木新造ほか校注『日本近代思想大系 23　風俗・性』岩波書店
上野千鶴子 1994『近代家族の成立と終焉』岩波書店
上野千鶴子 1996「『国民国家』と『ジェンダー』」『現代思想』10 月号 : 8-45.
上野千鶴子 1998『ナショナリズムとジェンダー』青土社
上野千鶴子編 2001『構築主義とは何か』勁草書房
若桑みどり 1995『戦争がつくる女性像――第二次世界大戦下の日本女性動員の視覚的プロパガンダ』筑摩書房
若桑みどり 2001『皇后の肖像――昭憲皇太后の表象と女性の国民化』筑摩書房
若桑みどり 2002「昭憲皇太后は国策の「協力者」」『論座』4 月号 : 269-273.
渡辺みえこ 1998「『青鞜』におけるレズビアニズム」新・フェミニズム批評の会編『『青鞜』を読む』学藝書林
Weeks, Jeffrey, Brian Heaphy & Catherine Donovan 2001 *Same Sex Intimacy: Families of Choice and Other Life Experiments*, London: Routledge.
Weinstock, Jacquline S. & Esther D. Rothblum eds. 1996 *Lesbian Friendships: For Ourselves and Others*. New York and London: New York University Press.
Weston, K. 1991 *Families We Choose*. New York: Columbia University Press.
山口玲子 1977『泣いて愛する姉妹に告ぐ――古在紫琴の生涯』草土文化
山下英愛 2000「近代朝鮮における『新女性』の主張と葛藤」井桁碧編

『「日本」国家と女』青弓社
山住正己 1980『教育勅語』朝日選書
吉見俊哉 1996「メディア・イベント概念の諸相」津金澤聰廣編『近代日本のメディア・イベント』同文舘